Hundetraining für Welpen und Junghunde

Welpenerziehung inkl. Stubenreinheit, Beißhemmung, Grunderziehung, Sozialisierung, Leinenführigkeit, Verhaltensentwicklung, Pubertät, Junghundeprobleme

Sarah Both

bothshunde.com

ISBN: 9781077890336

INHALTSVERZEICHNIS

Vorwort

Wenn ein Hund in die Familie kommt, ist das immer eine spannende Zeit. Wenn der Hund dann auch noch ein Welpe ist, stehen in den kommenden Wochen und Monaten einige Veränderungen gleich mit vor der Tür. Das Hundekind darf bei dir das Leben lernen - sowohl die Regeln der Menschenwelt als auch die der Hundewelt erfahren. Dabei wird es schöne und weniger wiederholungsbedürftige Situationen erleben. Und gleichzeitig zu dem ganzen Neu-Lernen verändert sich der Körper ständig. Nicht nur die Knochen und Muskeln wachsen, sondern auch die Sinne schärfen sich, die Hormone sind in einem ständigen Balanceakt zwischen Wachstum und Weiterentwicklung, um den nötigen Raum für Entspannung zu schaffen.
Natürlich hört die Veränderung ein Leben lang nicht auf - denn wie heißt es so schön: Nichts ist beständiger als der Wandel.

Dennoch: Die ersten zwei bis drei Lebensjahre deines Hundes sind ganz besondere. Damit diese Zeit für dich und deinen Hund möglichst problemlos abläuft, habe ich dieses Buch geschrieben.
Als Hundetrainerin begleite ich ständig Menschen mit ihren Welpen und Junghunden durch den Alltag. Immer wieder fällt mir dabei auf, dass die Prioritäten dessen, was ein Welpe lernen sollte, von Familie zu Familie unterschiedlich sind. Nämlich, dass die Anforderungen an den einzelnen Hund sehr verschieden sind und es keinen „richtigen" Weg gibt, was ein Hund zuerst lernen soll.

In den Medien wird allerdings ein anderes Bild vermittelt. „Sitz, Platz, Bei Fuß" - das scheinen die wichtigsten Dinge zu sein, die ein Hund lernen soll. Also wird ab Tag 1 „Sitz" mit dem Hund trainiert. Er wird sozialisiert, bis er umfällt - das Zeitfenster dafür ist schließlich so klein. Der Welpe bekommt ein Trainingsprogramm, bei dem das berühmte Wunderkind mit den Ohren schlackert. Und wofür? Dafür, dass im Alltag und bei den wirklich wichtigen Themen dann gar nichts mehr funktioniert. Damit dir das mit deinem Welpen nicht passiert, verrate ich dir in diesem Buch, wie du herausfindest, was wirklich wichtig für deinen Hund ist. Und natürlich auch, wie du ihm Schritt für Schritt beibringst, was er in eurem Alltag können muss.

Auch wenn du keinen Welpen hast, sondern einen jungen Hund bis zwei Jahre, ist dieses Buch gut geeignet. Du wirst ein tieferes Verständnis für deinen Hund entwickeln und leichter mit den auftretenden Herausforderungen umgehen können.

Ich wünsche dir viel Spaß beim Lesen und wünsche dir und deinem neuen Familienmitglied eine tolle, spannende und freudvolle Zeit!

1

Die Auswahl des Hundes - mit Köpfchen vorgehen -

Ganz bewusst beginne ich dieses Buch nicht erst dann, wenn der Hund eingezogen ist, denn schon vorher werden die Weichen für ein entspanntes Miteinander gestellt.

Auf der Suche nach dem passenden Hund wälzen die meisten Menschen Bücher, oder befragen Google zu der tollsten Rasse. Der Hund wird nach seiner Rasse ausgesucht. Das kann ein guter erster Schritt sein. Allerdings ist es bei Hunden - genau wie bei uns Menschen - so, dass der Charakter entscheidend ist. Ich habe bereits Labradore erlebt, die die perfekten Familienhunde waren und auch solche, die im hektischen Familienalltag einfach nicht klargekommen sind - und beide waren aus einem einzigen Wurf.

Ich kenne Malteser, die als absolut pflegeleichte Familienhunde gelten, deren angeborener Jagdtrieb auch erfahrene Hundetrainer vor Rätsel stellt und ich kenne Hunde aus einer passionierten Jagdhundezucht, die nicht mal mit der Wimper zucken, wenn ein Reh direkt vor ihnen aus dem Gebüsch springt.

Keiner dieser Hunde ist gut oder schlecht. Der passionierte Jagdhund kann, für einen Menschen der bewusst diese Eigenschaft sucht und in der Lage ist damit umzugehen, der perfekte Hund sein! Der quirlige Hund, der bei jedem Geräusch sofort mit Feuereifer dabei ist, kann ein toller Hund sein, für Menschen, die genau das wollen. Für eine Familie, in der sowieso schon viel los ist, wäre eben genau derselbe Hund eher nicht geeignet.

Die Rasse des Hundes spielt natürlich auch eine Rolle, auch wenn die Eigenschaften nicht in Stein gemeißelt sind. Wir Menschen haben Rassen genau dafür gezüchtet, dass bestimmte Eigenschaften der jeweiligen Hunde wahrscheinlich sind. Doch wie bei Menschenkindern auch, ist jeder Hund anders. Menschliche Geschwister sind genauso verschieden wie Wurfgeschwister bei Hunden. Und die späteren Erfahrungen, die frühen Erlebnisse, während sie noch mit der Mutter zusammenleben, sind ebenso entscheidend wie die spätere Erziehung bei der späteren Familie.

Der erste Schritt ist also, dass du dir klar darüber wirst, wie der Alltag aussieht, in den sich der Hund einfügen soll. Was kannst und willst du leisten und an Aufwand in die Erziehung des Hundes investieren? Welche Kompromisse bist du bereit zu machen, wenn die Bedürfnisse des Hundes mit deinen eigenen kollidieren?

Ein Beispiel: Eine Familie mit trubeligem Alltag, bei der der Hund sich möglichst schnell und unkompliziert einfügen sollte, ist optimalerweise von seinem Gemüt her eher ruhig, damit er den Trubel auch aushalten kann, ohne völlig auszuflippen. Hier ist dann eher der Welpe geeignet, der bereits beim Züchter im größten Trubel schlafen kann.

Lebst du allein und ist dein Alltag eher ruhig, möchtest aber in der Freizeit ab und an mit dem Hund richtig Gas geben und dir die Zeit nehmen, die quirlige Energie in die richtigen Bahnen zu lenken, dann kann es auch der Welpe sein, der sofort auf dir rumturnt, sobald du in Sichtweite kommst.

Das soll nicht bedeuten, dass ruhige Welpen per se einfacher zu erziehen sind. Es ist schlichtweg eine Frage dessen, wer gut zu dir/deiner Familie passt.

Auch die Charaktere der menschlichen Familienmitglieder spielen eine Rolle. Sind sie eher aufgedreht, immer auf Achse und zappelig, wird es einem Hund mit gleichem Charakter sehr schwer fallen, sich Ruhephasen zu gönnen und Probleme sind vorprogrammiert. Können die Menschen klar und eindeutig, souverän und ruhig kommunizieren, dann wird wahrscheinlich auch ein sehr durchsetzungsstarker Hund passen. Fällt es ihnen schwer, ruhige Konsequenz auszustrahlen und sind sie auch in der Kommunikation eher flatterhaft, dann haben diese Familienmitglieder bereits mit einem Hund, der leicht zu überzeugen ist, einen wundervollen Lernprozess vor sich.

Doch woher weiß ich denn, welcher Hund die richtigen Eigenschaften mitbringt und wie finde ich den, fragst du dich jetzt vielleicht?
Ein guter Züchter kennt seine Hunde und kann genau einschätzen, wie die Welpen drauf sind und er wird wahrscheinlich auch die Welpen nicht danach vergeben, wer wen am schönsten findet, sondern danach, welcher Hund am besten in die neue Familie passt. Wenn du ganz sicher sein möchtest, dann lässt du dich bereits im Prozess der Züchter-/Welpenauswahl von einer guten Hundetrainerin (oder einem Trainer) begleiten.
Die Auswahl des richtigen Hundes für die Familie spart später sehr viele nervenaufreibende Momente und auch intensive Trainingsarbeit während der aufkommenden Herausforderungen. Zeit und Geld sind also vorab wirklich gut investiert.
Auch um den passenden Züchter auszuwählen, ergibt es Sinn, einen Menschen mit Erfahrung einzubeziehen. Heutzutage tarnen sich die Vermehrer, die Welpen einfach nur zum Geld verdienen produzieren, so gut, dass man als zukünftiger Hundebe-

sitzer gar nicht besonders blauäugig sein muss, um dem Betrüger aufzusitzen.

Natürlich bedeutet das nicht, dass du nur den richtigen Welpen aussuchen musst und damit die ganze Erziehung abgeschlossen ist. Jeder Hund darf die Regeln des Alltags lernen, jedem Hund darfst du die Signale beibringen, die für eure Kommunikation relevant sind. Wie jedes Menschenkind auch wird das mal ein einfacher und mal ein herausfordernder Prozess sein. Jeder Hund wird hin und wieder Blödsinn machen und es wird mit jedem Welpen Momente geben, bei denen du nicht recht weiter weißt. Diese werden mit dem passenden Hund jedoch deutlich weniger und einfacher zu lösen sein, als mit einem, dessen Charakter weniger gut zu dir passt.

2

Spieglein, Spieglein an der Wand - welchen Hund habe ich in welchem Gewand? -

Zu wissen, welche grundsätzlichen Charaktereigenschaften dein Hund mitbringt, ist auch später in Training und Erziehung sehr hilfreich. Das ist natürlich auch völlig unabhängig davon, ob du dich bewusst für diese Eigenschaften entschieden hast, oder ob der Hund jetzt schon da ist und du mit diesen Eigenschaften umgehen kannst.

Gerne möchte ich mit dir in diesem Kapitel systematisch vorgehen. Ich beginne mit den sehr offensichtlichen, äußeren Eigenschaften und komme nach und nach zu denen, die die Persönlichkeit des Hundes ganz individuell zeigen und von äußeren Eigenschaften völlig unabhängig sind.

Die Körpergröße beeinflusst, wie dein Hund die Welt kennenlernt

Das, was auch aus Entfernung zuerst an einem Hund auffällt, ist seine Körpergröße. „Was hat das denn mit dem Charakter zu tun?", fragst du dich vielleicht. Ganz viel! „Hab ich doch schon immer gewusst, dass kleine Hunde von sich aus kratzbürstig sind!" - Das stimmt so nicht ganz. Der Charakter eines Hundes wird unter anderem durch seine Erbanlagen, Prägung und seine Erfahrungen beeinflusst. Ein großer Hund sammelt dabei ab dem ersten Tag seines Lebens andere Eindrücke als ein sehr kleiner Hund. Wo sich große Hunde häufig bereits durch ihre reine Masse ein wenig mehr Respekt verschaffen, werden kleine Hunde sowohl von Menschen als auch von Artgenossen schnell überrumpelt oder nicht ernst genommen. Viele kleine Hunde entwickeln so recht schnell die Strategie, dass sie leichter gehört werden, wenn sie laut sind. Das hat keinesfalls etwas mit den Hunden zu tun, sondern damit, wie die Umwelt mit ihnen umgeht. Große Hunde würden in derselben Situation genauso reagieren, nur sind sie solchen „Übergriffen" selten so ausgeliefert wie die kleinen.

Ein Beispiel: Ein Welpe liegt in seinem Körbchen. Die Kinder der Familie beugen sich immer wieder über ihn, stören seine Ruhephasen, fassen ihn an, bedrängen ihn. Der Labradorwelpe mit 12 Wochen ist bereits zu diesem Zeitpunkt schwerer als ein ausgewachsener Chihuahua und daher eindrucksvoller, wenn er knurrend darüber informiert, dass dieses Verhalten ihn stört. Der knurrende Chihuahua wird mit demselben Verhalten belächelt und vielleicht sogar weiter bedrängt, sodass er sich irgendwann gezwungen fühlt, zu deutlicheren Kommunikationswegen zu greifen.
So ähnliche Situationen lassen sich im gesamten Alltag finden.

Es ist also nicht die Körpergröße an sich, die den Charakter beeinflusst, sondern die Lernerfahrungen, die der Hund aufgrund seiner Körpergröße macht.

Ohren, Nase, Rute, Farbe...

äußere Körpermerkmale machen häufig doch einen Unterschied

Nach der Körpergröße fallen uns am Hund noch weitere äußerliche Körpermerkmale auf. Die Farbe, die Länge des Fells, die Stellung der Ohren, die Position der Rute und viele weitere. Und auch bei diesen ist es nicht so, dass zum Beispiel Hunde mit hängenden Ohren sich grundsätzlich anders verhalten als Hunde mit Stehohren. ABER - und das ist ein entscheidender Faktor - jedes dieser Merkmale verändert, wie ein Hund in seiner Körpersprache wahrgenommen wird! Eine nach oben aufgerichtete Rute beispielsweise, signalisiert dem Gegenüber normalerweise große Anspannung und wird von fremdem Artgenossen als solche interpretiert. Hat mein Hund nun aufgrund der Rasse bereits eine nach oben gestellte und geringelte Rute, sieht er für Fremde selbst im entspannten zustand eher angespannt aus.
Eine gerunzelte Stirn oder Falten auf dem Nasenrücken sind in normaler, hundlicher Kommunikation ein Zeichen für „Bleib mir vom Leib!“. Ein Hund als Vertreter einer Rasse, dem von uns Menschen Falten angezüchtet wurden (z.B. Mops, Shar Pei, Bulldogge, Boxer), sieht daher ebenfalls bereits im „Normalzustand“ so aus, als hätte er lieber einen großen Abstand zu anderen.
Das beeinflusst, wie andere Hunde auf diese Rassen zugehen. Der Hund, dessen Körpermerkmale auf solche Weise durch uns Menschen verändert wurden, wird in Begegnungen mit anderen Hunden angespanntere Erfahrungen machen, als einer, der nicht in seinen kommunikativen Möglichkeiten eingeschränkt ist. Infolgedessen wird er sich dann natürlich auch anders verhalten, denn er kennt dann nur angespannte Begegnungen.

Seine Erfahrungen (aufgrund der Körpermerkmale) beeinflussen auch hierbei seine Handlungen und seinen Charakter.

AUFGEPASST! Was ich damit keinesfalls sagen möchte, ist, dass ein Hund mit solchen Körpermerkmalen automatisch bestimmtes Verhalten zeigt und man daran nichts ändern kann.
Es soll lediglich zeigen, dass es wichtig ist, sich über die Eigenschaften seines Hundes bewusst zu sein, um im Alltag und im Training entsprechend damit umzugehen, oder bestimmten Entwicklungen vorzubeugen!

So kann ich dem langen Schlacks, der seinen Körper nicht kennt, durchaus mit Körperübungen dazu helfen, sich besser einzuschätzen und ich kann ihm durch Training beibringen, andere Hunde oder Menschen nicht anzurempeln.
Wenn ich mir bewusst darüber bin, wie mein Kleinsthund die Welt wahrnimmt, kann ich darauf achten, dass er nicht in die Bedrängnis kommt, sich ständig selbst verteidigen zu wollen.
Wenn ich weiß, dass es Hunde gibt, die allein durch ihr Aussehen in der Kommunikation eingeschränkt sind, dann kann ich meinem Hund beibringen, auch mit diesen Hunden entspannt umzugehen.

Die guten Gene
Was ich gut kann, liegt mir im Blut

Seit Jahrhunderten beeinflussen wir Menschen über die Zucht, welche Eigenschaften unsere Hunde haben sollen. Früher war es wirklich egal, wie ein Hund aussah; relevant war, was er konnte. Interessanterweise hat sich dennoch ein gewisses Äußeres entwickelt, sodass Hunde, die Gleiches können, auch ähnliche körperliche Merkmale haben.

Vorstehhunde zum Beispiel, die während der Jagd dazu da waren, „vor dem Wild" (meistens Vögeln) stehen zu bleiben und dem Jäger so den Standort anzuzeigen, sehen häufig in ihrer Silhouette ähnlich aus. Sie haben Schlappohren, eine lange Nase, einen relativ geraden oberen Schädel, eine lange Rute, lange Beine und sind recht schmal in der Körperstruktur (z.B. English Pointer, Magyar Vizsla, English Setter).
Hunde, die zum Schutz der Herde oder des Grundstücks eingesetzt wurden, sind eher kräftige Typen, haben selten kurzes Fell, eher breite Köpfe und kräftige Kiefer.

Im Vordergrund der Zucht stand (und sollte es eigentlich heute noch stehen) immer die Fähigkeit des Hundes, eine bestimmte Aufgabe zu erfüllen. Es gibt Hundetypen, die echte Spezialisten sind, und andere, die eher die Allrounder sind. Was aber alle gemeinsam haben, ist, dass sie immer noch alle Hunde sind. Hunde sind Landraubtiere und als solche ist für jeden Hund, egal welcher Rasse er angehört, Jagdverhalten völlig normal und Teil des angeborenen Verhaltensspektrums. Einen Hund züchten zu wollen, der KEINEN Jagdtrieb hat, ist damit in etwa zu vergleichen mit dem Versuch, einen Goldfisch dazu zu bringen, an Land zu atmen.

All die Jagdhunderassen haben eines gemeinsam: Bestimmte Teile der Verhaltenskette Jagd wurden bei ihnen besonders gefördert.

So ist der Labrador zum Beispiel ein absoluter Spezialist in Sachen Fährte aufnehmen, Beute finden, aufnehmen und zurückbringen. Diese Hunde sind jetzt seit hunderten von Jahren speziell danach ausgewählt, dass sie während der gesamten Kette eng mit dem Menschen zusammenarbeiten. Sie sollen auf Anweisungen warten und diese akkurat umsetzen. Eigene Entscheidungen sollten sie in dem Rahmen nur sehr bedingt treffen.
Ein Rehpinscher als Gegensatz dazu, wurde ursprünglich für die Rattenjagd gezüchtet. Die Hunde sollten völlig selbstständig das Grundstück von Ratten freihalten. Sie sollten sie aufspüren, verfolgen, fangen und auch töten. Und das völlig ohne dabei mit dem Menschen in Absprache zu sein.
Was glaubst du, welcher grundsätzliche Hundetyp dann tendenziell eher dazu geneigt ist, Signale von uns Menschen zu befolgen, auch wenn sie mal widersprüchlich sind?
Labrador und Rehpinscher stehen hier nur als Beispiele. Jede Hunderasse hat einen ursprünglichen Zweck. Über diesen Bescheid zu wissen, hilft sowohl bei der Auswahl des Hundes als auch im späteren Umgang. Jeder Hund kann lernen und trainiert werden, jeder Hund kann ein toller Familienhund sein, oder Spaß am gemeinsamen Hundesport haben. Aber so manch unerwünschte Überraschung von einem Hund, der „zu viel Wachverhalten“, „zu viel Reizempfänglichkeit“, oder „zu viel selbständige Entscheidungen“ mitbringt, bleibt erspart, wenn man sich vorher wirklich mit der Rasse auseinandersetzt.

Mach dir also ein Bild davon, für welche Aufgabe dein Hund ursprünglich gedacht war, um zu verstehen, wie er tickt.

So viel zur Theorie - doch wie sieht das bei Mischlingen aus? Genauso wie es bei optischen Merkmalen nicht vorhersehbar ist, welches Merkmal zum Vorschein kommt, so ist es auch bei den bevorzugten Verhaltensketten völlig verschieden, was sich durchsetzt. Die aktuell beliebte Mischung von Labrador und Pudel - dem Labradoodle - ist da keine Ausnahme. Denn nicht nur das Fell übernimmt die Eigenschaften des Pudels, auch im Verhalten werden sich Elemente daraus wiederfinden. Der Pudel als hochpassionierter und sehr energetischer Jagdhund (Ja, das ist er! – auch wenn er immer als Modepüppchen dargestellt wird) bringt damit Eigenschaften mit, die einem Neuhundehalter, der sich einen völlig entspannten Labrador vorgestellt hat, vielleicht gar nicht ins Konzept passen.
Oder - auch ein Beispiel, das sich in meinem Traineralltag aktuell ständig wiederholt: die Hunde aus dem Auslandstierschutz. Hier werden mangels Rassekenntnis oder auch mangels der richtigen Kategorien im System, Rassen zugeordnet, die völlig in die Irre führen.
Aus Spanien kommen dann ganz häufig schwarze „Labrador-Mischlinge“, weil sie irgendwie ähnlich aussehen. Hat sich eigentlich noch keiner gefragt, wo die ganzen freilaufenden Labradore in Spanien sein sollen, die die Eltern der Hunde sein sollen, die dort im Tierschutz angeboten werden? Die Wahrheit ist - das sind keine Labradore, sondern Vertreter von Rassen, die in Spanien beheimatet sind. Und die bringen natürlich auch nicht Labrador-Eigenschaften mit, sondern die, die sie dort in den letzten Jahrzehnten gebraucht haben.
Aus Bulgarien oder Rumänien kommen viele Hunde, die „Spitz-Mischlinge“ oder „Bernhardiner-Mischlinge“ sein sollen. Das sind sie natürlich auch nicht, sondern sie gehören zu den dort beheimateten Rassen von Herdenschutzhunden. Diese Hunde in einer deutschen Großstadt...Ich sag mal so: Die nächsten Jahre werden interessant. Da ist auch mit Hilfe eines Hundetrainers nur begrenzt Veränderung möglich. Diese Hunde sind dazu

gemacht, alles, was sie überblicken können, als ihr Territorium anzusehen und Eindringlinge mindestens lautstark, notfalls mit härteren Mitteln, zu vertreiben. Für einen großen Bauernhof mit viel Platz und wenig Publikumsverkehr wäre das der ideale Hund. In einer 3-Zimmer-Wohnung in der Münchner Innenstadt ist das völlig normale Verhalten desselben Hundes ein ernsthaftes Problem.

Rüde oder Hündin?

Viel mehr Gedanken als über den Charakter des Hundes, machen sich werdende Hundehalter meist über die Frage, welches Geschlecht der Hund haben soll.
Es kursieren jede Menge Ammenmärchen darüber, wie Rüden grundsätzlich sind, oder welche Probleme es nur mit Hündinnen gibt. Und 99% davon sind nicht richtig.

Natürlich gibt es Tendenzen in Verhaltensweisen. So sind Rüden tendenziell draufgängerischer als Hündinnen. Hündinnen halten länger die Luft an, bis sie explodieren, könnte man sagen. Und trotzdem kann es sein, dass sich mit einer Hündin größere Probleme entwickeln als mit einem Rüden. Das hängt nicht vom Geschlecht ab, sondern von den Erfahrungen, die sie gemacht haben und der Unterstützung/Erziehung/Kommunikation, die sie mit ihren Menschen erfahren.

Auch dass eines der Geschlechter häufiger an Krankheiten leidet, ist nicht richtig.
Ja - Hündinnen werden 1-2 Mal im Jahr läufig. Dafür sind Rüden im Grunde das ganze Jahr über „auf Empfang“. Wie stark sich in beiden Fällen die hormonellen Gegebenheiten auf das Verhalten auswirken, ist von Hund zu Hund unterschiedlich. (Übrigens: Fehlverhalten hat in den seltensten Fällen etwas mit dem Hormonstatus zu tun, daher ist eine Kastration als Mittel

zur Verhaltensänderung im ersten Schritt eine eher doofe Idee. Meist geht der Schuss nach hinten los. Dazu später mehr.)

Die Wahl des Geschlechts ist somit viel eher eine Typ-Frage. Also mag ich Rüden lieber oder Hündinnen? Und nicht zuletzt kommt es dann wieder auf den individuellen Hund an, denn der Charakter spielt die größte Rolle in dem Suchfeld: „Welcher Hund ist der richtige für mich?“.

Jeder Jeck ist anders

Wären nur die körperlichen Merkmale und die Rasse entscheidend, dann wären alle Rüden einer Rasse, alle Hündinnen, alle braunen und alle hellen Vertreter genau gleich. Doch so ist es natürlich nicht. Auch bei Menschen sind selbst eineiige Zwillinge nicht genau gleich von ihrem Wesen her. Dieselben Eltern, dieselbe Familie, dasselbe Umfeld - ziemlich viel ist gleich und trotzdem können die Zwillinge völlig verschiedene Charaktere sein.
Und so gibt es auch bei Hunden die volle Bandbreite an Möglichkeiten, völlig unabhängig davon, welcher Rasse sie angehören, oder wie sie aussehen, oder welches Geschlecht sie haben.

Bereits in den ersten Lebenswochen zeigen sich die grundsätzlichen Charakteranlagen eines Welpen. Ist er sehr durchsetzungsstark und kämpft sich auch unter widrigen Umständen an allen Geschwistern vorbei bis zur besten Milchquelle? Oder gibt er bei kleinen Rückschlägen schnell frustriert auf und ruft nach Hilfe? Ist er ein Hansdampf in allen Gassen und neue Geräusche oder Hindernisse sind für ihn nur für einen kurzen Moment ein Grund zum Stehenbleiben? Oder überlässt er das Erkunden neuer Situationen lieber den Geschwistern und geht dann nach, wenn alles sicher scheint, um bei der kleinsten Unsicherheit auf dem Absatz umzudrehen und zurück in die sichere Wurfhöhle zu springen?

Nichts davon ist grundsätzlich gut oder schlecht. Je nachdem, welcher Hund gut in dein Leben passt, oder auch was du mit dem Hund vorhast, macht die eine oder andere Eigenschaft diese Pläne eher einfacher umsetzbar oder schwieriger.
Möchtest du mit dem Hund später zum Beispiel gemeinsam die Ausbildung zum Therapiehund machen, dann wird ein hektischer oder eher ängstlicher Hund sich mit den Anforderungen schwerer tun, als einer, der eine souveräne Ruhe in sich trägt.

Hast du noch nicht viel Hundeerfahrung und möchtest nicht deine komplette Freizeit für das Training des Hundes beanspruchen, dann ist der aufbrausende Hund, der schon als Welpe mit dem Kopf durch die Wand wollte und sich von Erziehungsmaßnahmen seiner Mutter erst beim fünften Mal beeindrucken ließ, eine echte Herausforderung.
Für einen anderen Menschen ist genau diese Eigenschaft toll und gut handhabbar.

Sich darüber bewusst zu sein, wie der eigene Hund grundsätzlich gestrickt ist, ist auch für das Training hilfreich. Du kannst so viel besser entscheiden: Wie viele neue Dinge in welcher Geschwindigkeit kann mein Hund verarbeiten? Auf welche Aspekte der Erziehung achte ich besonders? Fördere ich ganz bewusst den Mut und das Selbstbewusstsein des eher unsicheren Hundes, oder achte ich darauf, dass der Peter Pan meiner Truppe auch lernt, mit mir zu kooperieren und meine Entscheidungen in wichtigen Momenten zu akzeptieren? Gehe ich mit dem Kennenlernen neuer Situationen voll aufs Ganze, oder achte ich darauf, dass der sowieso sehr quirlige Hund auch lernt, ruhig zu bleiben, statt immer mehr durchzudrehen?

All das kannst du nur dann entscheiden und berücksichtigen, wenn du dir Gedanken darüber machst, wen du da vor dir hast.

Vielleicht fragst du dich gerade, warum das für ein Buch zum Hundetraining so wichtig ist oder dir erscheint es zu unkonkret. Ich verspreche - im Laufe des Buches wird dir einiges klarer werden.
Daher stürzen wir uns jetzt direkt in die ganz praktischen Kapitel.

3

Wenn der Hund einzieht

Bei einem Welpen vom Züchter wartet man meist lang auf den richtigen Wurf und die Wartezeit dehnt sich wie Kaugummi, bis dann endlich der kleine tapsige Kugelbauch-Welpe mit dir in sein neues Leben aufbrechen kann.
Aber auch beim Junghund aus zweiter Hand oder aus dem Tierschutz gilt es, die Vorbereitungszeit so gut es geht zu nutzen.

Die Wartezeit kannst du gut überbrücken und die Dinge besorgen, die dein Hund später braucht und um dir Gedanken zu machen, was für dich im Leben mit deinem Hund wirklich wichtig ist. („Sitz“ und „Platz“ sind es wahrscheinlich nicht ;-))

Vorbereitungen und Erstausstattung

Was braucht der Hund für den Anfang? Das ist gar nicht so viel! (Am Ende des Buches findest du meine persönlichen Produktempfehlungen für die Erstausstattung.)

Für die ersten Wochen erhält der Hund am besten das Futter, was er bereits kennt. Die neuen Lebensumstände sind stressig genug; eine zusätzliche Belastung für den Körper durch parallele Futterumstellung kann man leicht vermeiden. Völlig unabhängig davon, was deine Ideen davon sind, wie ein Hund toll ernährt wird, zeigt sich im Laufe der Zeit sowieso, welches Futter für diesen Hund am besten passt. Diese Forschungsreise könnt

ihr dann beginnen, wenn der Welpe sich schon ein wenig in seinem neuen Zuhause eingelebt hat.
Damit er Futter und Wasser auch zu sich nehmen kann, brauchst du natürlich auch Näpfe. Ich empfehle hier eindeutig Keramiknäpfe und keine aus Edelstahl. Das hat zwei Gründe: Zum einen bildet sich in Edelstahlnäpfen beim Wasser innerhalb von wenigen Stunden ein schmieriger Film, der die Wasserqualität beeinträchtigt. Mehrfaches Austauschen des Wassers wird hier nötig. Zum anderen trinken alle Hunde, die ich kenne, deutlich weniger aus Edelstahlnäpfen, was für mich den Schluss zulässt, dass auch der Geschmack sich verändert. Ähnlich wie beim Menschen gilt - zu wenig trinken, ist nicht gesund. Daher lohnt es sich, von vornherein darauf zu achten.

Einen Schlafplatz zu Hause braucht er natürlich auch. Ob dieser Schlafplatz ein flauschiges Wölckchenkissen oder eine glatte Liegefläche mit einer Decke drauf ist, ist gar nicht so entscheidend. Im Laufe der Zeit wirst du deinen Hund immer besser kennenlernen und auch herausfinden, auf welchem Untergrund er lieber liegt. Wichtiger, als bereits das perfekte Kissen zu haben, ist der Standort des Platzes. Mitten im Raum, wo jeder ständig vorbeiläuft, ist es zwar schön für uns Menschen, weil wir das kleine Glück dann ständig beobachten können. Für den Hund ist es aber aus verschiedenen Gründen nicht ratsam. Nummer 1: Der wichtigste Grund, dem du im Buch immer wieder begegnen wirst, weil er so viel ausmacht. Dein Welpe braucht ausreichend Schlaf und Ruhe. Ungefähr 20-22 Stunden am Tag (je nach Alter) sollte dein Junghund damit verbringen, die ganzen neuen Eindrücke in seinem Leben zu verarbeiten. Ist der Ruheort deines Hundes mitten im Raum, wird es ihm schwerfallen, wirklich abzuschalten und nicht ständig wieder aufzustehen und das nächste Abenteuer in Angriff zu nehmen. Der Ruheort sollte natürlich trotzdem in der Nähe der Familie sein und nicht einfach in einem anderen Zimmer. Daher lohnt es sich auf jeden Fall, den Ort vorher gut auszuwählen und eventuell sogar ein paar Möbel umzustellen, bevor der Zwerg einzieht. In den meisten Fällen ist es sogar sinnvoll, diesen Ruheort mit einer Hundebox einzurichten. Warum das so ist und wie mit der Box umzugehen ist, damit der Hund es nicht als Gefängnis sieht, erfährst du im späteren eigenen Kapitel dazu.

Leine, Geschirr, Halsband - alles für den Spaziergang.
Warum Halsband UND Geschirr, und welche Leine wann Sinn ergibt, auch dazu erfährst du im Laufe des Buches noch deutlich mehr!

Für den Transport im Auto ist es notwendig, dass der Hund ausreichend gesichert ist. Auch hier bietet sich eine Box an, die entweder auf dem Sitz oder im Kofferraum steht. Natürlich gibt es hier jede Menge weitere Möglichkeiten wie z.B. den Hund anschnallen (mit speziell zugelassenen Geschirren), oder ein Trenngitter im Kofferraum. Der ADAC empfiehlt hierzu ganz eindeutig, den Hund in der Box mitzunehmen.

Als letzten Bereich deiner Erstausstattung lohnt es sich, einige Pflegeutensilien bereit zu haben.
Eine Zeckenzange, eine Krallenschere (oder einen Schleifer), Bürste zur Fellpflege, Handtücher für den Welpen...Gerade was die Fellpflege betrifft, hängt der Bedarf natürlich stark davon ab, welche Fellstruktur dein Hund hat. Wo kurzhaarige Hunde ab und an mit einfachem Bürsten von losen Haaren befreit werden können, braucht es bei langhaarigen Hunden mit Unterwolle oder drahthaarigen Hunden häufig etwas mehr Aufwand und dementsprechend auch mehr Equipment. Wenn du hierzu mehr lesen möchtest, empfehle ich dir das Buch *„feingemacht - so fühlt sich dein Hund wohl in seiner Haut“* von Franziska Knabenreich-Kratz.

Braucht das Hundekind nicht auch Spielzeug? Es ist hier wohl ähnlich wie bei Menschen - meistens ist viel zu viel Spielzeug da. Gegen ein robustes Kuscheltier und etwas, auf dem der Welpe herumkauen kann, ist aber nichts einzuwenden. Insbesondere in den ersten Tagen, wird das neue Leben sowieso so aufregend sein, dass zusätzliches Spielzeug gar nicht gebraucht wird. In der nächsten Zeit wird sich dann zeigen, welche Art von Spielzeug für deinen Hund am besten ist. Später beim Zahnwechsel ist es sinnvoll, dem Welpen geeignete Dinge zur Verfügung zu stellen, an denen er kauen kann, um die Schmerzen und das juckende Zahnfleisch zu beruhigen.

Die Fahrt nach Hause und die Ankunft

Irgendwann ist es dann soweit. Der Tag der Tage ist gekommen und du kannst dein neues Familienmitglied abholen. So aufregend und mit Freude geladen dieser Moment auch für dich ist: Für den Hund ist es ein Sprung ins Ungewisse. Er verlässt sein bisheriges Zuhause. Alles, was er in seinem Leben kennt, verändert sich mit einem Schlag.

Du hast ihn sicher schon besucht und du bist kein völlig Fremder für ihn. Und dennoch: Mama weg, Geschwister weg, die wichtigsten Menschen sind plötzlich nicht mehr da, alles riecht anders, die neuen Menschen sind aufgeregt und sein neues Zuhause hat er noch nie gesehen.

Er war noch nie allein unterwegs (ohne seine Mutter oder Geschwister).

Kurz: Dieser Tag ist für den Hund echter Stress.

Darum gilt es, die Fahrt nach Hause und auch die Ankunft so ruhig wie möglich zu gestalten und dem Welpen Sicherheit zu geben.

Im Auto ist es hilfreich, wenn du den Welpen nicht alleine abholst. Einer fährt, einer ist auf der Rückbank mit dem Welpen,

hat sich als gute Aufteilung bewährt. Optimalerweise kennt der Welpe kurze Autofahrten bereits. Trotzdem kann es sein, dass ihm durch Aufregung, die neue Situation und die lange Fahrt, schlecht wird. Hier ist es sinnvoll, auf eventuelles Erbrechen vorbereitet zu sein und dann nicht hektisch zu werden, weil die Polster der Autositze in Gefahr sind.
Wenn der Welpe während der Fahrt zeigt, dass ihm schlecht wird oder er Angst bekommt, ergibt es Sinn, eine Pause einzulegen, eventuell sogar kurz auszusteigen und dem Hund an der frischen Luft die Chance zu geben, sich wieder zu beruhigen. So wird einerseits natürlich der Stress für den Tag reduziert, andererseits vermeidest du damit auch, dass der Hund Autofahren negativ verbindet und Angst entwickelt.

Am Ziel angekommen, drängt der erste menschliche Impuls dazu, dem Hund in allem Überschwang die komplette Wohnung, den Garten, das Haus,...alles zu zeigen. Tu das nicht! Steigt in Ruhe aus dem Auto aus. Dann gibst du dem Zwerg draußen in einer ruhigen Umgebung die Möglichkeit, sich zu lösen. Je nach Aufregungsgrad kann es einige Minuten dauern, bis der Welpe sich wohl genug fühlt, um sich für ein erstes Pipi genug zu entspannen. Gib ihm die Zeit, sonst ist die erste Pfütze im Haus schon vorprogrammiert, sobald der Hund drinnen erstmals entspannt und eine ruhige Minute hat.

Dann geht ihr nach drinnen. Denk daran: Für den Welpen ist sowieso schon alles völlig neu. Es ist in dem Moment nicht nötig, dass er schon jeden Winkel seiner neuen Heimat kennenlernt. Behandle den Hund wie einen Gast. Wenn ein Gast zu dir kommt, dann zeigst du ihm die Räume, die für ihn in dem Moment relevant sind. Du gehst voran, zeigst ihm die Wege und bietest ihm einen Platz an. Du machst nicht die Haustür auf und lässt den Gast allein alle Räume öffnen, um herauszufinden, wo das Wohnzimmer ist.

Übernimm bewusst die Führung der Situation. Der Welpe kommt aus seiner Familie mit festen Strukturen und klaren Regeln. Ihn völlig ungesteuert durch die Wohnung flitzen zu lassen, würde ihn nicht nur auf Grund der Reizüberflutung überfordern, sondern ihn auch mangels vorgegebener Struktur etwas haltlos sein lassen.
Je nachdem, ob der Hund eher zurückhaltend oder sehr forsch ist, würde ihn die plötzliche Narrenfreiheit entweder völlig verunsichern, oder er entscheidet für sich, dass das neue Zuhause offenbar jemanden braucht, der führt und die Rolle notgedrungen übernimmt. Keine der Varianten möchtest du haben, denn ein junger Hund ist keinesfalls fähig, solche Entscheidungen allein zu treffen.

Es reicht also völlig, wenn du den Hund zunächst ins Wohnzimmer bringst, ihm zeigst, wo er einen Platz hat, ihm zeigst, wo der Wassernapf steht und dann…lass ihn erst einmal in Ruhe.
Die Fahrt, die neue Umgebung, so viele Neuerungen. Spätestens jetzt ist es Zeit, all die Eindrücke bei einem Schläfchen zu verarbeiten. Familie, Kinder, Freunde und Bekannte sind sicher neugierig auf den Kleinen und ganz sicher bist du auch furchtbar stolz und möchtest ihn am liebsten allen vorstellen. Das kann aber warten. Wenn die Menschen da sind, mit denen der Hund zukünftig wohnt, reicht das völlig. Alle anderen dürfen ein paar Tage auf das Kennenlernen warten.

Gib dem Hund Raum, um sich zu akklimatisieren, anzukommen und sich wohlzufühlen. Dazu gehört auch, dass du ihm Futter hinstellst, aber keine Panik verbreitest, wenn er es nicht anrührt. Vielleicht ist gerade noch zu viel Aufregung da und er hat keinen Hunger. Oder er traut sich noch nicht recht. Keine Sorge, das ist völlig normal. Lass das Futter stehen und beachte es nicht weiter. Wenn der Welpe bereit ist, wird er von allein hingehen. Je mehr Aufmerksamkeit du auf das Futter legst, desto angespannter ist die Situation. Außerdem signalisierst du mit deiner Aufmerksamkeit dem Futter gegenüber unter Umständen, dass es dir gehört und der Welpe respektiert deinen Anspruch. Das Prinzip kennt er sicher schon von seiner Mutter - wenn sie etwas haben möchte, darf ich nicht hin.

Es braucht keinen Spaziergang mehr an diesem ersten Tag. Diese vielen aufregenden Sachen sind wirklich genug! Natürlich wirst du mit dem Welpen noch das ein oder andere Mal für wenige Minuten rausgehen, damit er sich lösen kann. Das läuft ungefähr so ab: Raus (in den Garten oder vor die Haustür) - Pipi - wieder rein. Mehr Bewegung und Eindrücke sind nicht nötig.
Je mehr Schlaf der Hund immer wieder zwischendurch bekommt, desto leichter wird es ihm fallen, alles zu verarbeiten. Und am Abend wirst auch du super glücklich ins Bett fallen und dich auf die großen Abenteuer in den nächsten Jahren freuen.

Die ersten Tage

In den ersten Tagen zu Hause könnt ihr euch in aller Ruhe Zeit lassen, um euch aneinander zu gewöhnen und einen gemeinsamen Alltagsablauf zu finden.
Auch hier gilt: Jede Situation, die der Hund erlebt, enthält ganz viele Dinge, die er zum ersten Mal sieht. Daher sind selbst völlig alltägliche Momente am Anfang super anstrengend für den Hund und daher braucht er auch hier viele Pausen und Zeit, um alles zu verarbeiten.

Auch wenn du vielleicht im Kopf hast, was du mit dem Hund alles üben möchtest, was er lernen soll und was du mit ihm erleben möchtest - das kann warten. Ausflüge, die über die 5-10 Minuten kurzen Spaziergänge hinausgehen, der Besuch einer eventuellen Welpengruppe, der Besuch von befreundeten Menschen - auch das kann warten.

In den ersten Tagen passiert für euch als Team so viel Neues. Der Hund lernt sein neues Zuhause kennen. Er lernt, wo er hingehen darf und wo nicht. Er lernt dich kennen. Er lernt wo und wann er sein Futter bekommt und wie der Ablauf ist. Er lernt die unmittelbare Umgebung der Wohnung oder den Garten kennen und macht bereits erste Erfahrungen mit dem Kot-/Urinabsatz draußen (oder vielleicht auch manchmal noch in der Wohnung ;) Zum Thema Stubenreinheit kommen wir ja noch. Er lernt, ohne seine Mutter und Geschwister zu sein, sowohl wenn es um die Eroberung neuer Königreiche als auch das Schläfchen geht. Vielleicht trifft er draußen auf fremde Menschen und Hunde. All das ist völlig neu für den Hund. Gib ihm Zeit, sich langsam daran zu gewöhnen.

Auch du und deine Familie - also die menschlichen Mitglieder - dürfen Zeit bekommen, um die neuen Abläufe kennenzulernen. Wie verhält sich mein Hund, wenn er mal muss. Wann wird es Zeit für eine verordnete Pause, weil der Hund aufgedreht ist und dringend Schlaf braucht? Wie schafft ihr es, eine gemeinsame Sprache zu erlernen, in der ihr euch gut verständigen könnt? Es gibt so viel in eurem Alltag zu entdecken - für die Eroberung der Welt ist später noch genug Zeit.

Der Fokus in den ersten Tagen und vielleicht sogar Wochen liegt also auf den Themen: Alltagsroutine schaffen, gemeinsame Sprache finden, einander kennenlernen, Stubenreinheit, Regeln im Haus kennenlernen, Ruhezone schaffen, Sicherheit im neuen Umfeld gewinnen, SCHLAFEN.
Wie genau du mit den großen Fragen der Welpenerziehung umgehen kannst, all das erfährst du in den nachfolgenden Kapiteln.

Wenn du aus diesem Kapitel eine Information mitnimmst, dann lass es diese sein: Auch den Alltag kennenzulernen, ist eine große Veränderung für den Hund und dich - es braucht in dieser Zeit keine zusätzlichen Lernerfahrungen für euch beide. Überfordere dich und den Hund nicht.

4

Was soll mein Hund lernen?

Es ist wichtig, dass du dir klar darüber wirst, was dir wichtig ist im Zusammenleben mit deinem Hund.
Das kannst nur du allein entscheiden! Dementsprechend stellst du allein die Regeln für euren Alltag auf und nur du setzt die Prioritäten dafür, welche Dinge dein Hund besonders mühelos können soll und welche Dinge dir nicht so wichtig sind.

„Der Hund soll sich benehmen können und keine störenden Verhaltensweisen zeigen." Vielleicht ist das deine Antwort darauf.
Doch was ist denn „sich benehmen können", was sind in deiner Welt „störende Verhaltensweisen"? Das ist nicht für jeden Menschen gleich.
Wo der eine es völlig in Ordnung findet, wenn der Hund sich während des Essens in der Nähe des Tisches aufhält und den ein oder anderen fragenden Blick wirft, ist es für den anderen Menschen sehr wichtig, dass der Hund sich während der Mahlzeiten überhaupt nicht für das Essen der Menschen interessiert.
In manchen Umgebungen ist es absolut unerwünscht, dass der Hund bellt, wenn es klingelt, in anderen Familien ist es großartig, wenn der Hund Besuch ankündigt.
Einige Menschen finden es wünschenswert, dass der Hund fremde Menschen auf Abstand hält, in den meisten Fällen wünschen wir uns, dass er, ohne mit der Wimper zu zucken, an Menschen und Hunden vorbeigehen kann.

Für manche Menschen ist es in Ordnung, wenn der Hund an der Leine zieht, andere wünschen sich, dass die Leine jederzeit durchhängt.
Die eine Familie braucht einen Hund, der ganz entspannt in allen öffentlichen Verkehrsmitteln mitfahren kann, der nächsten reicht es, wenn er ab und an relativ gelassen kurze Autofahrten mitmacht.

Es gibt kein „So ist es richtig - das muss jeder Hund lernen". Du allein entscheidest, welches Verhalten deines Hundes du fördern möchtest und was du nicht in eurem Alltag haben möchtest.

Du musst nicht alles jetzt sofort und für alle Zeiten unumstößlich festlegen. Regeln dürfen sich auch verändern. Das Leben ist immer in Bewegung und so dürfen sich auch eure Regeln und Abläufe anpassen. Trotzdem ergibt es Sinn, bereits die wichtigsten Sachen mit dem Welpen zu üben.
Geh gedanklich deinen Tagesablauf durch und halte inne bei allen Situationen, die dir begegnen.

Hier kommen zwei verschiedene Lebensbeispiele, aus denen unterschiedliche Anforderungen an den Hund entstehen:

1) Ich stehe morgens meistens zwischen 5 und 7 Uhr auf, manchmal schlafe ich aber auch länger. Mir ist wichtig, dass der Hund nicht jeden Tag um halb 5 darauf brennt, dass wir endlich aufstehen.
2) Danach fahre ich mit der Bahn zur Arbeit und verbringe den Vormittag im Büro. Der Hund soll manchmal mit ins Büro kommen, manchmal den Vormittag zu Hause bleiben. Das würde bedeuten: "Bahn fahren, ruhig im Büro schlafen können, entspannt allein bleiben können, stehen auf eurer „Möchten wir dem Hund beibringen" -Liste.

3) Da wir in der Stadt wohnen und viele Nachbarn nah dran wohnen, soll er fremde Geräusche von außerhalb und die Türklingel kennenlernen und bestenfalls ignorieren.
4) Außerdem treffen wir jeden Tag auf viele Hunde, mit denen er mit meiner Hilfe gut klarkommen soll.
5) Menschen sehen hier ab und an auch für Hunde merkwürdig aus. Manchmal sind sie verkleidet, oft laufen sie mit Regenschirm. Am Weg vorbei an der Behindertenwerkstatt und dem Kindergarten treffen wir auf viele Menschen, die sich für Hundeaugen seltsam bewegen. Er soll lernen, dass hiervon keine Gefahr ausgeht.
6) Auf unserem Lieblingswanderweg begegnen wir hin und wieder Kühen und überqueren Wildgitter. Dann ergibt es Sinn, wenn der Hund Kühe als ungefährlich/wenig spannend kennenlernt und lernt, sich in ihrer Nähe ruhig zu verhalten. Außerdem kann es hilfreich sein, dass der Hund es kennt, getragen zu werden, damit er ohne Verletzungen und Stress über die Wildgitter kommt.
7) Da der Hund oft im städtischen Bereich mit mir unterwegs ist, ist es wichtig, dass er lernt, sehr gut an lockerer Leine zu gehen.

ODER
1) Ich wohne ländlich. Hier gibt es mehr Tiere als menschliche Einwohner. Der Hund soll alle Tierarten gelassen akzeptieren und sich ruhig in ihrer Nähe aufhalten können.
2) Große Fahrzeuge und Landmaschinen stehen auf der Tagesordnung und mein Hund soll sie als ungefährlich kennenlernen.
3) Wenn ein Fremder auf dem Grundstück ist, soll mein Hund das anzeigen und bellen, ihn aber auf meine Zustimmung hin problemlos einlassen.
4) Die Rehe, die morgens auf unserer Wiese stehen, und alle anderen Wildtiere soll er ohne Aufforderung in Ruhe lassen.

5) Manchmal brauche ich Hilfe beim Reinholen der Schafe. Es wäre toll, wenn der Hund hierbei mithelfen könnte.
6) Wir gehen meistens direkt angrenzend ans Grundstück spazieren. Es wäre toll, wenn der Hund so gut mit mir kommuniziert, dass er größtenteils ohne Leine klarkommt. Leinenführigkeit ist daher zwar auch ein Grund zur Freude, brauchen wir aber nicht oft.

Es ergibt Sinn, dass du dir darüber klar wirst, was in deinem Leben häufig vorkommt und welche Momente eher die Ausnahme sind. So entsteht eine ganz klare Priorität der Dinge, die dein Hund lernen soll und du vermeidest, dass du dir Stress machst, weil du deinem Hund ALLES beibringen willst und euch damit ein Programm auflädst, was niemand schaffen kann.

Du siehst schon: Der bloße Alltag bietet jede Menge Potential zum Lernen. An allen Ecken und Enden gilt es für das Hundekind zu erfahren, wie das in der menschlichen Welt gemacht wird. Welche Regeln gelten, wie man sich an der Leine verhält und so vieles mehr.

Für einen jungen Hund braucht es kein zusätzliches Beschäftigungsprogramm!
Das Leben ist spannend genug!

Tricks üben, Agility, Zughundesport, Obedience, Dummy Training - all das ist nicht notwendig, damit dein Hund glücklich und zufrieden ist. Auch dann nicht, wenn er einer Arbeitshunderasse angehört. Denn vorrangig soll dein Hund lernen, gelassen und ohne Stress durch euren alltäglichen Ablauf zu gehen. Ob später ein Hobby für euch beide dazukommt und welches das dann wird - für diese Entscheidung ist später noch genug Zeit.

Lernen im Alltag - die wichtigsten Dinge kennenlernen

Vielleicht gehörst du zu den Menschen, die gerne Checklisten haben und Pläne machen. Wenn das so ist, dann hast du jetzt bestimmt schon (mindestens innerlich) deinen Stift und Notizblock rausgeholt, um deinem Hund einen „Stundenplan" zu erstellen.

Und vielleicht fragst du dich auch schon, wie du die Zeit finden sollst, ständig Übungen mit deinem Hund zu machen.

Die Lösung ist: Die Gewöhnung an euren Alltag, das Festlegen der Regeln, manche neue Verhaltensweisen, die der Hund lernen soll - all das baust du in euren Alltag mit ein.

Es ergibt keinen Sinn, sich einmal am Tag eine Stunde Zeit zu nehmen und dort dann ganz viel auf einmal üben zu wollen. Zum einen kann sich der Hund gar nicht so lange konzentrieren und dadurch hätte er keine Chance, das Neue auch wirklich zu speichern. Viel effektiver ist es, wenn du immer wieder Mini-Übungen in euren Tagesablauf einbaust.

Angenommen, dein Hund soll lernen, dass er vor der Küche warten darf, wenn du sein Futter zubereitest. Dann nimm dir Zeit, wenn du das Futter fertig machst, um ihm deine Regel für diese Situation zu erklären.
Dein Hund soll lernen, dass verschiedene Menschen für ihn ungefährlich sind. Hier gilt es, sich im Alltag genug Zeit zu nehmen, um diese Begegnungen für den Hund angenehm und ruhig zu gestalten. Wenn ihr draußen unterwegs seid und dein Welpe zeigt sich besorgt wegen spielender Kinder, dann halte inne, lass ihn in Ruhe aus der Entfernung hinschauen und begleite ihn bei der Erfahrung, dass nichts Schlimmes passiert.

Übe mit deinem Hund zwischendurch immer wieder das „zur Ruhe kommen“. Hilf ihm dabei, seinen Entspannungsort aktiv zu nutzen und sich nach und nach auch selbst Pausen zu nehmen.

Jede Situation in eurem Tagesablauf ist anfangs eine Lernsituation für deinen Hund. Du musst nicht extra einplanen, wann du Autofahren mit dem Hund übst. Nimm ihn mit, wenn du sowieso gerade einen kleinen Ausflug machen möchtest. Plane nur genügend Zeit ein, damit du flexibel auf eventuelle Unsicherheiten und Ängste reagieren kannst. Fast jeder Angstmoment lässt sich auflösen und verfestigt sich gar nicht erst, wenn du selbst dabei gelassen bleibst und dem Welpen die Chance gibst, in dem Moment auch wieder ruhig zu werden.

Größere Probleme entstehen meist dann, wenn wir Zeitdruck haben. Dann kann es passieren, dass der Welpe zunächst nicht an der Mülltonne vorbeigehen möchte und ich ihn zwingen muss, vorbeizugehen, weil ich es eilig habe. Hier lernt der Hund genau das, was du nicht möchtest: „Wenn ich Angst habe, hilft mir mein Mensch nicht. Und die Mülltonne ist furchtbar gruselig!“
Nimmst du dir Zeit, lässt deinen Welpen in aller Ruhe mit der Situation umgehen und hilfst ihm dabei, eine Lösung zu finden, dann geht er ein paar Minuten später weiter und hat gelernt: „Erst hatte ich Angst, aber mein Mensch war bei mir und mir konnte nichts passieren. Dann war die Mülltonne gar nicht mehr so schlimm.“

Überleg dir schon vorher für die häufigsten Alltagsgeschehnisse, auf welche Weise dein Hund sie zum ersten Mal kennenlernen soll.
Möchtest du, dass er die Türklingel gelassen und in Ruhe wahrnehmen kann, ohne vor Vorfreude auf die kommenden Er-

eignisse völlig auszuflippen? Dann ist es sinnvoll, dass du einfach zwischendurch selbst klingelst, ohne dass anschließend etwas Aufregendes passiert. Kommt dann der erste Besuch nach Hause, ergibt es Sinn, dass dieser sich nach der Ankunft nicht sofort auf den Welpen stürzt und alle Besucher wie Monde um ihre Sonne um den Welpen kreisen. Diese Aufregung wird er mit der Klingel und auch dem Besuch verbinden. Und es wird zugleich schwerer, ihm später zu vermitteln, dass er beim Klingeln ruhig bleiben soll.
Viel besser ist, wenn der Welpe in deiner Nähe oder an seinem Ruheort ist und die Besucher sich zunächst nicht um den Welpen kümmern. Sind dann alle angekommen und haben ihre Plätze eingenommen, spricht nichts dagegen, dass der Hund alle auch entspannt begrüßen darf.

Du möchtest, dass dein Hund beim Fertigmachen für den Spaziergang ruhig bleibt und nicht vor lauter Vorfreude mit allen Vieren in die Luft springt und so schon, bevor es losgeht, völlig hektisch wird? Dann achte darauf, dass er keinen Anlass bekommt, genau dieses Verhalten zu üben. Räume euch Zeit ein, um euch entspannt anzuziehen. Wenn der Hund hektisch wird, dann ist das ein toller Zeitpunkt, um eine Ruheübung einzubauen. (Es sei denn, dein Hund muss wirklich dringend mal raus).

Du möchtest, dass Autofahren für deinen Begleiter zur Selbstverständlichkeit wird und er mit dem Auto nur Positives verbindet? Dann achte darauf, ihn mit Bedacht und Zeit in seine Box zu setzen. Einige Male aus Zeitmangel den Hund schnell in die Box gesetzt und dabei übersehen, dass er das als unangenehm empfindet, kann dazu führen, dass der Hund Autofahren zunächst blöd findet. Anschließend brauchst du dann wieder Zeit und Trainingsaufwand, um diese ungewollte Verknüpfung ins Positive zu lenken.

Mit genügend Ruhe und Geduld am Anfang in den neuen Situationen, ersparst du euch beiden auf lange Sicht sehr viele Missverständnisse und Probleme, die aufzulösen viel schwieriger wird, als es von Anfang an sein müsste.

Durch so umsichtiges Vorgehen hast du mehrmals am Tag Mini-Lerneinheiten im Alltag inklusive. Mehr als 2 Minuten am Stück mit dem Welpen zu „trainieren“, ergibt anfangs keinen Sinn. Und durch das bewusste Bewältigen des Alltags lernt dein Hund direkt das, was für euch am wichtigsten ist.

Lernziel: „Wenn mein Mensch dabei ist, ist alles gut!“

Wenn mich meine Kunden nach DEM WICHTIGSTEN Lernziel für einen Hund fragen, dann ist das für mich kein Signal, kein Trick, den der Hund ausführen kann. Für mich ist die Basis der guten Beziehung zwischen Mensch und Hund das Vertrauen. Wenn der Hund dem Mensch vertraut und umgekehrt, dann ist an vielen Stellen das Einüben irgendwelcher Kommandos überflüssig.

Ich wünsche mir nur eines von meinem Hund: dass er weiß, dass egal in welche Schwierigkeiten wir kommen, er sich auf mich verlassen kann und dass wir zusammen eine Lösung finden werden.

Das fängt schon bei Kleinigkeiten an: Wenn ich meinen Hund nicht ernst nehme, wenn er Skepsis gegenüber Einrichtungsgegenständen zeigt, dann wird es schwer ihm zu vermitteln, dass er bei Begegnungen mit pöbelnden, fremden Artgenossen lieber meine Hilfe suchen soll, als sich selbst zu verteidigen. Der häufige Satz „Das ist doch nicht schlimm, der/das tut dir doch nichts, davor brauchst du keine Angst haben“ hat noch nie dafür gesorgt, dass Kinder sich weniger fürchten, und eine solche

Einstellung hilft auch dem Hund nicht weiter. Denn in dem Moment hat das Kind oder der Hund Angst. Das ist eine Tatsache. Erst wenn ich diese Emotion wahrnehme, kann ich eine Lösung bieten.

Wie verhalte ich mich denn, damit mein Hund merkt, dass ich ihm helfen kann?
Auf eine einfache Formel zusammengefasst (Ich mache es gleich am Beispiel deutlicher), geht das so: Nimm wahr, welche Emotionen dein Hund zeigt. Handle so, dass es deinem Hund hilft. Gib ihm Anleitung, wie er mit der Situation umgehen kann.

Stell dir vor, dein Hund bleibt plötzlich stehen, stellt alle Haare auf und bellt einen Kastenwagen an. Vielleicht hat er so ein Ding noch nie gesehen. Vielleicht hat er sich Tage vorher einmal erschrocken, als so ein Wagen in der Nähe stand. Die Ursache ist erst einmal egal. Was zählt ist: Dein Hund fühlt sich damit nicht wohl.
So gehst du nicht vor: „Ist doch nicht schlimm. Komm, wir gehen weiter", nimmst die Leine und ziehst ein wenig, bis der bellende Hund dir folgt. Du schimpfst auch nicht mit ihm, weil er bellt oder nicht mitkommt. Und du lockst den Hund auch nicht mit Futter o.Ä. näher heran.
So kannst du vorgehen: Du bleibst mit dem Hund stehen, schaust dir ein paar Momente lang den Wagen an und bleibst dabei völlig gelassen. Vielleicht gehst du (ohne Hund) sogar hin, schaust dir das gefährliche Ding an, fasst es vielleicht sogar an, und signalisierst dann, indem du gelassen weggehst, dass es dich eigentlich gar nicht interessiert. Du gehst zurück zum Hund, holst ihn ab und gehst in dem Abstand an dem Wagen vorbei, den der Hund aushalten kann.
Vielleicht gehst du auf dem Rückweg zufällig noch einmal dieselbe Strecke. Hier ist dein Welpe entweder schon sehr gelassen, oder du gehst auch hier in dem Abstand vorbei, der dei-

nem Hund keine Angst macht. Es ist nicht nötig, dass du dabei irgendetwas zu deinem Hund sagst; dein Verhalten ist für ihn eindeutig genug.

Auch im Bereich Hundebegegnungen ist mir dieser Aspekt besonders wichtig. Dein Hund sollte dich immer als Schutzschild haben. „Hunde klären das unter sich“ ist völlig unangebracht. Bei fremden Hunden, die sich einfach so auf der Straße begegnen, sollte gar nichts geklärt werden müssen. Wenn dein Hund hier in eine Situation kommt, in der er bedrängt wird, die ihm unheimlich ist, dann ist es dein Job, ihm dabei zu helfen.
Die meisten Aggressionsprobleme unter Hunden entstehen dann, wenn die Hunde gelernt haben, dass ihre Menschen untätig danebenstehen, wenn sie nicht mehr wissen, wie sie dem Gegenüber ein Ende des Gesprächs verständlich machen sollen.
So wie du deinem Kind helfen würdest, wenn im Sandkasten ein Streit um den Eimer ausbricht, hilfst du auch deinem Hund dabei zu lernen, wie man fremden Hunden begegnet.

Lernausflüge - Wichtiges, was nicht zum Alltag gehört

In den letzten beiden Kapiteln ging es um das Lernen direkt im Alltag. Ich bin ein großer Fan davon, wie du sicher schon festgestellt hast.
Dennoch gibt es manche Dinge, die sehr wichtig sind, obwohl sie nicht jeden Tag auftreten.

Dazu gehört zum Beispiel das „sich untersuchen lassen“ wie beim Tierarzt, oder sogar der Tierarztbesuch selbst. Wenn der Hund die ersten Besuche beim Tierarzt machen kann, ohne dass irgendetwas Blödes für ihn passiert, dann wird es ihm leichter fallen, im Ernstfall gelassen zu bleiben. Deswegen lohnt es sich, für den Tierarztbesuch einen Lernausflug einzuplanen. Vereinbare mit dem Arzt, dass ihr vorbeikommt und der Hund sich alles anschauen darf, vielleicht auch spielerisch auf den Tisch darf und ein paar Leckerlis vom Arzt bekommt. Mehr muss bei diesem ersten Besuch nicht passieren. Jeder Tierarzt, den ich bisher getroffen habe, ist für so kleine Dinge gern zu haben, denn auch er profitiert davon, wenn der Hund später ohne Stress und Angst bei der Behandlung ist.

Auch außergewöhnliche Dinge, die zwar nicht jeden Tag bei euch vorkommen, aber doch irgendwann mit auftauchen, sollten extra geübt werden.

So ergibt es für einen Hund, der primär in der Stadt aufwächst, Sinn, auch mal andere Tiere in Ruhe kennenzulernen. Pferde, Kühe, Schafe - wenn der Hund bereits eine andere Tierart kennenlernen konnte, fällt es ihm viel leichter damit umzugehen, wenn doch mal plötzlich ein fremdes Tier auftauchen sollte, oder ihr im Urlaub welchen begegnet.

Für einen Hund, der wahrscheinlich nicht oft Bahn oder Bus fahren wird, braucht die Fortbewegung in diesen Verkehrsmitteln keinen großen Raum im „Lernplan“ einzunehmen. Es kann aber nicht schaden, diese Erfahrung einmal gemacht zu haben. Hierzu reicht es schon, wenn du dir die Zeit nimmst, um mit deinem Hund eine Station Bus zu fahren und dann wieder nach Hause gehst.

Hin und wieder im Alltag kann ein kleiner Ausflug zum Kennenlernen der Vielfalt in dieser großen Welt beitragen.

5

So lernt ein Hund - Trainingsgrundsätze

Bevor im nächsten Abschnitt des Buches die wichtigsten Alltagsthemen beschrieben werden, damit du in keiner Situation in Panik verfallen musst, möchte ich dir hier zunächst einen Einblick darin geben, wie Hunde lernen. Wenn du das verstehst und die Grundsätze kennst, dann kannst du deinem Hund alles beibringen, was dir wichtig ist, denn das Prinzip ist immer dasselbe.

Hunde lernen ständig - egal ob du aktiv und ganz bewusst eine Übungseinheit startest, oder ob es eine normale Alltagssituation ist: Das Gehirn ist in beiden Fällen aktiv und speichert erfolgreiches Verhalten genauso ab, wie solches, das nicht zum Erfolg führt.

Dabei findet das Lernen immer kontextbezogen statt. Das bedeutet, dass das Umfeld, die Situation und alles Drumherum mit abgespeichert werden. Das ist einerseits wichtig im gezielten Aufbau, denn wenn du mit deinem Hund den Rückruf zum Beispiel nur im Garten geübt hast, kann es sein, dass er außerhalb des Gartens gar nichts damit anfangen kann. Andererseits bedeutet das auch, dass der Hund so super schlau ist, dass er unterscheiden kann, was wir Menschen mit ein und demselbem Signal in verschiedenen Umgebungen meinen. Damit du dich aber nicht darauf verlassen musst, dass dein Hund situationsbezogen richtig rät, ist es sinnvoll, dass du darauf achtest, dass du eindeutig mit deinem Hund kommunizierst und er gar nicht erst raten muss.

Mit Signalen meine ich alles, was dem Hund eine Information gibt, welche Handlung von ihm erwartet wird. Klassisch unterscheidet man zwischen Sicht - und Hörzeichen. Ein Hörzeichen ist ein gesprochenes Wort, also „Hier“, „Sitz“, „Bleib“ usw. Ein Sichtzeichen ist eine bestimmte Geste, wie üblicherweise der nach oben gestreckte Zeigefinger, der von vielen Hundehaltern als Zeichen für „Sitz“ verwendet wird.

Immer dann, wenn etwas Gutes nach einer Handlung erfolgt, wird der Hund diese Handlung öfter zeigen.
Was dabei „gut“ ist und somit als Belohnung gilt, entscheidet allein der Hund.
Mehr zum Thema Belohnung: Warum das Sinn ergibt und wie du die richtigen Belohnungen für deinen Hund findest, folgt gleich.

Wichtig ist mir dabei, dass du immer im Kopf hast, dem Hund zu erklären, was genau er tun soll. Wir Menschen sind häufig sehr fokussiert auf das, was der Hund nicht tun soll. Wir sagen ihm „Lass das“, „Aus“, „Hör auf“ und fragen dann Google, wie man dem Hund etwas abgewöhnen kann. Nur hilft all das nichts, wenn dem Hund nicht erklärt wird, was er stattdessen tun soll.
In den späteren Beispielen wird sicher noch deutlicher, was ich damit meine. Für den Moment merke dir nur: Frage dich in all deinen Trainingsbemühungen und wenn dein Hund Verhalten zeigt, was du nicht möchtest, ob du dem Hund damit erklärst, WAS GENAU er tun soll, statt dem Hund nur zu sagen, was er nicht tun soll.

Dadurch, dass Lernen immer stattfindet, kann es schnell passieren, dass du dem Hund aus Versehen etwas Unerwünschtes beibringst, ohne es zu merken. Hab keine Angst vor solchen

Dingen. Sie sind völlig normal und passieren jedem Hundehalter, auch mir als Trainerin, immer wieder. Solange du in solchen Momenten den Kopf einschaltest und dich hinterfragst, um herauszufinden, wie es passiert sein könnte, und nicht den Hund einfach für unfähig erklärst oder ihm Mutwilligkeit unterstellst, ist alles gut.

Ein Beispiel: Bei meiner Hündin kam es in letzter Zeit häufiger vor, dass ich sie, direkt nachdem ich nach Hause gekommen bin, gefüttert habe. Es hatte sich einige Tage nacheinander so ergeben. Nun war sie in der Erwartung, dass sie immer sofort etwas zum Fressen bekommt, wenn ich zur Tür reinkomme und war entsprechend aufgeregt. Anstatt sauer zu werden und sie dafür anzumaulen, habe ich darüber nachgedacht, warum sie sich so verhalten könnte. Schnell war mir klar, was passiert war. Nach gefundener Ursache, war mir klar, dass ich ihr das ungewollt beigebracht hatte. Jetzt konnte ich ganz entspannt und ohne negative Emotionen diese Verknüpfung beim Hund verändern.

Doch wie genau bringe ich meinem Hund denn nun bei, was ich von ihm möchte? In den nachfolgenden Abschnitten dieses Kapitels erkläre ich dir die Grundlagen des Trainings mit Belohnung und mit welchen 3 Schritten du deinem Hund jedes neue Verhalten beibringen kannst. Zum Schluss gehe ich auch auf das Thema „Training über Strafe“ ein, damit du erkennst, was Strafe im Spiel ist und weißt, warum das als generelle Methode wenig sinnvoll ist.

Zuerst legst du fest, was die Aufgabe für deinen Hund ist - was er am Ende tun soll und definierst ein Signal dafür. Dann erklärst du deinem Hund in kleinen Schritten, was er tun soll und wie das Signal dazu lautet. Anschließend übst du das Signal in langsam steigernder Schwierigkeit in verschiedenen Momenten.

So viel zur Kurzerklärung - in den folgenden Abschnitten kommen die Details. Und jeden Schritt erkläre ich dir einmal am Beispiel „Sitz“, damit du eine Idee vom Ablauf bekommst. Vorher tauchen wir gemeinsam in das Thema Belohnungen ein, damit dein Training gut funktioniert.

Belohnungen - ist das nicht Bestechung?

„Ich will nicht, dass mein Hund nur für Kekse zu mir kommt, er muss das auch ohne machen.“ Das stimmt! Mit dieser Aussage vermitteln mir meine Kunden vor dem Trainingsstart öfter, warum sie nicht mit Leckerlis oder anderen Belohnungen arbeiten möchten. Durch diesen Satz wird klar, dass der Unterschied zwischen Belohnung und Bestechung nicht eindeutig ist.

Bestechung ist es dann, wenn ich dem Hund zuerst etwas verspreche und er anschließend die Handlung zeigt.
Auf Hundewiesen lässt sich folgendes Szenario beobachten: Herrchen ruft Bello zu sich, dieser registriert die Bitte zwar, geht aber nicht darauf ein. Daraufhin raschelt Herrchen mit der Tüte, in der die Leckerlis sind, und ruft erneut. Jetzt kommt Bello angerannt wie verrückt. Das hat nichts mit Training zu tun. Jedenfalls hat Herrchen seinem Bello nicht das beigebracht, was er dachte. Das ist der Effekt, den keiner haben möchte, denn es sieht so aus, als würde der Hund nur etwas für die Kekse tun.
Bestechung ist es dann, wenn du dem Hund die Belohnung präsentierst, bevor er die gewünschte Handlung ausführt. Mit dieser Reihenfolge bringst du ihm bei: „Führe Signal XY aus, wenn ich dir die Kekse zeige.“ Es ist dabei nicht der Hund, der hinterhältig ist, wenn er nur dann das Signal ausführt, wenn die Kekse da sind. Du hast ihm diese Reihenfolge dann genauso beigebracht. ;)
So geht es also nicht. Sinnvoller trainierst du mit Belohnung.

Belohnungen gibt es dann, wenn der Hund eine Handlung ausführt und ich ihm anschließend als Anerkennung etwas Gutes gebe. Er weiß vorher aber nicht, ob es eine Belohnung gibt und in welcher Form die Belohnung ausfallen könnte.

Du gibst dem Hund Wertschätzung für ein Verhalten, dass dir gut gefällt, und dadurch wird er es öfter zeigen. Die Freude darüber, etwas „richtig zu machen", wird durch eine Belohnung noch mehr angefeuert und der Hund wird immer mehr von dem Verhalten zeigen, was du haben möchtest.

Was als Belohnung gilt, hängt davon ab, was der Hund als gut empfindet.
Manche Hunde kann man über Futter gut belohnen, für andere ist die Motivation viel höher, wenn sein Mensch sich ehrlich mit ihm freut.
Neben diesen grundsätzlichen Präferenzen variiert das Empfinden über angenehm und unangenehm auch in verschiedenen Situationen.
So kann eine Kuscheleinheit in der Wohnung und ruhiger Atmosphäre sehr angenehm für den Hund sein, aber das „über den Kopf streicheln" beim Spaziergang absolut unangenehm.

Mit der Zeit wirst du herausfinden, welche Formen der Belohnung für deinen Hund wertvoll sind, und in welchen Situationen du sie anbringen kannst.

Hier kommen ein paar Ideen, was eine Belohnung sein kann:

- gemeinsames Spiel
- ein Loch buddeln
- rennen dürfen
- in Ruhe schnüffeln
- Suchspiel
- Keks

- Superleckerli
- etwas aus der Tube schlecken
- Ballspiel
- Massage
- kurzes Streicheln
- Wortlob wie „fein“, „super“, „prima“
- zum anderen Hund dürfen
- aus der Situation rausgehen: zum Beispiel den Abstand zum anderen Hund vergrößern
- Lieblingsspielzeug tragen
- Aufmerksamkeitspause „Mach mal dein Ding“

Diese Liste ist auf gar keinen Fall vollständig, sondern soll dir nur eine Ahnung davon geben, wie vielfältig ein Lob sein kann. Die beste aller Belohnungen ist immer die, die dem Hund ermöglicht, das zu tun, was er gerade wollte. Rufst du den Hund aus einem Spiel mit einem Freund ab, ist die beste aller Belohnungen, wenn er anschließend wieder hin darf. Hat dein Hund Angst vor Kindern auf Inlineskates, kannst du ihn bitten, ruhig aus der Entfernung zuzuschauen, die für ihn noch aushaltbar ist. Klappt das gut, ist die beste Belohnung, den Abstand zu den Kindern zu vergrößern.

Die Belohnung darf immer zur Situation passen! Sie sollte außerdem so gewählt sein, dass es die Anforderung unterstützt. War das ausgeführte Signal für deinen Hund in dem Moment sehr schwierig, darf die Belohnung auch richtig toll sein. Dabei darfst du darauf achten, dass die Belohnung keinen Grund zum völligen Ausflippen des Hundes bietet. Lernen (langfristig im Gehirn abspeichern) findet nur in den Pausen statt! Wenn dein Hund durch die Belohnung so hochgepuscht wird, dass er alles um sich herum vergisst, ist die Wahrscheinlichkeit hoch, dass er leider auch den Grund für die Belohnung vergisst. Der Trainingseffekt wäre in dieser Situation gleich null.

Bevor wir gleich zu den 3 Schritten erfolgreichen Trainings übergehen, möchte ich dir noch von einer Ausnahme erzählen, in der Bestechung durchaus sinnvoll ist.
Das ist dann, wenn ich dem Hund ein völlig neues Signal beibringen möchte. Hier kann Futter zum Beispiel dazu genutzt werden, um den Hund in eine Position zu locken, die ich von ihm haben möchte.
Sobald der Hund verstanden hat, worum es geht, achtest du dann darauf, dass aus der Bestechung eine Belohnung wird.
In den Beispielen wirst du gleich verstehen, wie das in der Umsetzung aussieht.

Was soll der Hund tun?

Welches Signal möchte ich verwenden?

Der erste Schritt ist einer der wichtigsten Stolperfallen, die im Training auftreten. Dabei erscheint es so einfach. Wenn ich den Hund zu mir rufe, dann soll er zu mir kommen, ist doch völlig eindeutig! Oder etwa nicht?
Nein - das ist nicht eindeutig, denn jeder versteht darunter etwas anderes. Wann genau ist die Aufgabe erfüllt? Wie nah soll dein Hund kommen und was soll er dann tun? Reicht es, wenn er auf Armeslänge rankommt und danach wieder weitergeht? Soll er sich vor deine Füße setzen und dich anschauen? Soll er bis zu deiner Hand kommen, kurz „Abklatschen“ und warten, bis du ihn wieder weiterlaufen lässt?
Es ist wichtig, dass du dir darüber klar wirst, was du von deinem Hund möchtest!

Der Rückruf ist hierfür ganz klassisch. Häufig wird auf dem Hundeplatz das Signal „Hier“ so geübt, dass der Hund direkt vor dem Menschen sitzen soll und ihn anschauen soll. Draußen beim normalen Spaziergang im Alltag reicht es aber, wenn er nur in die Nähe kommt mit demselben Signal. Und plötzlich - wenn der Hund dann gerade verwechselt, welche Anforderung (mit demselben Wort) gerade gemeint ist - dann wird ihm Ungehorsam vorgeworfen.

Ein Signal sollte eindeutig sein. Das bedeutet: Jedem Sicht- oder Hörzeichen ist eine bestimmte Handlung zugeordnet. Gut ist, wenn du weder die Wörter noch die Gesten im Alltag häufig einsetzt, damit der Hund nicht verwirrt ist, wenn du mitten im Satz sein Signal sagst, aber eigentlich gar nichts von ihm möchtest.

Das Signal für den Rückruf ist bei vielen Hundehaltern zum Beispiel „Komm" oder „Hier". Beide Wörter sind ziemlich ungeeignet, denn sie tauchen im Sprachgebrauch häufig auf. „Komm her", „Ach komm lass das mal", „Ja, ich komm gleich", „Komm, lass uns essen", „Guck mal hier drüben", „Lass uns hierher gehen", „Hier, bitteschön." - Du verstehst das Dilemma.
Auch hier gilt wieder: Hunde sind super gut im Erraten, was wir von ihnen wollen. Aber: Ich möchte nicht, dass mein Hund raten muss, denn dann kann ich mir nicht sicher sein, dass er mich grundsätzlich verstanden hat, wenn mal etwas nicht funktioniert.

Wähle dir also Signale aus, die du im Alltag selten nutzt. Dabei ist völlig egal, ob diese Wörter aus einer anderen Sprache stammen, oder überhaupt gar keinen inhaltlichen Sinn ergeben, solange du sie dir gut merken kannst und sie dir leicht über die Lippen kommen.

Am Beispiel „Sitz": Auf das Wortsignal „Sitz" hin, oder das Sichtzeichen meines erhobenen Zeigefingers (egal welcher Hand), soll sich mein Hund setzen. Die Aufgabe ist erfüllt, wenn der Hintern den Boden berührt und der Hund in der Position bleibt. Dabei ist mir egal, ob er ganz gerade und aufgerichtet sitzt, oder ob er sich entspannt auf eine Seite setzt.

Dem Hund beibringen, was erwartet wird und dieser Handlung dann einen Namen geben

Wenn dir klar ist, was genau der Hund tun soll, dann bist du bereit für den zweiten Schritt.
Hier bringst du den Hund (ohne körperliche Einwirkung) dazu, die Handlung auszuführen, die du gerne trainieren möchtest, oder wartest, bis er es von selbst tut.
Beim Rückruf kannst du jede Situation nutzen, in der dein Hund sowieso schon auf dich zuläuft, oder du lockst ihn zu dir. Freu dich, wenn er das tut, was du möchtest und lobe ihn dafür. In diesem Schritt ist das Signal noch nicht dabei.

Erst dann, wenn du die Handlung sicher auslösen kannst und dir sicher bist, dass dein Hund auch das tust, was du erwartest, dann führst du das Signal dafür ein.
Ein gern gemachter Fehler im Training liegt an dieser Stelle. Der Hund weiß noch gar nicht, was genau die Handlung ist und ich als Mensch bin mir nicht sicher, dass er sie gleich ausführt und trotzdem bringe ich das Signal schon dazu.
Ganz klassisch für diesen Fehler ist das Signal zum „Aus" geben. (Auch hier ist das Wort völlig ungeeignet, später mehr). Der Hund hat irgendetwas im Maul, vielleicht spielt er gerade ein Zerrspiel mit seinem Menschen. Er hat noch nicht gelernt, dass „Aus" bedeutet: „Mach die Zähne auf und gib mir, was du hast." Der Mensch sagt „Aus" in dem Moment, wo der Welpe das Objekt festhält und zwischen den Zähnen hat. Alles, was er dabei lernt, ist, dass „Aus" bedeutet: „Halt ganz doll fest, was

du hast.“ Also das genaue Gegenteil von dem, was ich ihm beibringen wollte.

Wie geht es also stattdessen? Wieder am Beispiel „Sitz“:
Locke deinen Hund in die Sitzposition. Dazu kannst du ein Leckerli in eine Hand nehmen, es vor die Nase des stehenden oder liegenden Hundes halten und in einem Bogen über seinen Kopf führen. So folgt er mit der Nase dem Leckerli und setzt sich hin. Sobald er sitzt, gibst du ihm das Leckerli. (Du siehst, hier sind wir noch im Bereich der Bestechung.) Diese Bewegung wiederholst du einige Male, bis dein Hund schon weiß, was gemeint ist und sich bei deiner Bewegung schon von allein hinsetzt. Ab jetzt kannst du das Wortsignal „Sitz“ dazu sagen und zwar genau in dem Moment, wo der Hund mit der Bewegung beginnt und sich setzt. Sage das Wort nicht erst dann, wenn der Hund bereits sitzt, sondern bereits während der Bewegung.
Nach wieder einigen Wiederholungen (mit Zeitabstand und an verschiedenen Orten) hältst du deinem Hund die Hand ohne Leckerli vor die Nase und sagst erst das Signal und wartest ab, was der Hund tut. Sehr wahrscheinlich setzt er sich jetzt schon hin, dann kannst du ihn dafür loben und ihm dann ein Leckerli geben, sobald er sitzt. (An der Stelle bist du schon aus dem Bereich der Bestechung hin zur Belohnung gegangen.)

Hier achtest du zusätzlich darauf, dass du verschiedene Körperhaltungen einnimmst, zwischen Wortsignal und Sichtzeichen wechselst und für das Sichtzeichen auch immer wieder zwischen deinen Händen wechselst.

Signal anwenden - vom Grundschüler zur Doktorarbeit

Wenn die Fähigkeit, die du im zweiten Schritt erarbeitet hast, dem Grundschulniveau entspricht, und bedeutet: „Ich habe verstanden, was gemeint ist und kann das Signal unter leichten Bedingungen und ohne Ablenkung ausführen", dann erarbeitest du dir im dritten Schritt mit deinem Hund die Fähigkeit, das Signal auch in schwierigen Momenten ausführen zu können. „Ich kann unter höchster Ablenkung das Signal schnell und fehlerfrei umsetzen", entspricht dann ungefähr dem Doktorarbeitsniveau.

Und genau darum geht es jetzt. Du übst das Signal in unterschiedlichen Situationen, die für den Hund langsam schwieriger werden. Was konkret die Schwierigkeit steigert, ist von Hund zu Hund verschieden. Grundsätzliche Schwierigkeiten sind: Hunde in der Nähe, andere Menschen, viele Reize, Futter oder Spielzeug. an das er gerade nicht gehen darf, andere Tiere, Geräusche, die Distanz zu dir, die Länge des Spaziergangs (-> voller Tag > volles Hirn > wenig Platz, um zusätzliche Reize zu verarbeiten).

Wie viele Wiederholungen du mit deinem Hund machen kannst, bevor er hektisch wird oder überfordert ist, hängt stark von seinem Charakter ab. Es gibt Hunde, die machen ALLES für ihre Menschen, solange es einen Sinn hat. Diese Hunde lernen innerhalb weniger Wiederholungen (verständliches Training vorausgesetzt), worum es geht und führen die Aufgabe auch zuverlässig aus, wenn der Mensch einen Grund für diese Anforderung hat. Die hundertste Wiederholung, nur um zu üben, oder weil der Mensch gerne 20 Mal den Rückruf auf dem Spaziergang einsetzt, wird von diesen Hunden schlicht ignoriert (Meiner Meinung nach zurecht ;-)). Schwierig wird es dann, wenn du

mit dem Training übertrieben hast und dein Pulver für das echte Leben bereits verschossen hast.
Andere Hunde sind so überdreht, dass sie jede Anforderung sofort umsetzen und dabei auch über ihre eigenen Grenzen hinweggehen. Und natürlich gibt es alles zwischen diesen beiden Extremen.

Für mich ist das Ziel für einen alltagstauglichen Hund, dass ich alle Signale nutzen kann, die ich unbedingt brauche, aber so wenig wie möglich einsetze. Ein entspannter Alltag mit Hund ist für mich, wenn wir uns wortlos verstehen und der Hund so gut mit mir in Kommunikation steht, dass es gar nicht mehr nötig ist, alle 2 Minuten irgendein Signal zu geben. Wenn ich den Rückruf auf einem Spaziergang von einer halben Stunde schon 5 Mal brauche, um den Hund zu mir zurückzurufen (weil er nicht von sich aus schaut), dann läuft vorher schon etwas falsch.

Als letzten Schritt, wenn die Ausführung des Signals schon in 95% der Fälle funktioniert, kannst du beginnen, die Belohnung abzubauen. Jetzt bekommt dein Hund nur noch dann die (seiner Meinung nach) interessanteste Belohnung, wenn die Ausführung besonders schnell/gut war, oder die Anforderungen für sein Niveau besonders hoch waren. In den anderen Fällen bekommt er natürlich auch ein Lob von dir, zum Beispiel ein liebes Wort oder ein kurzes Spiel.

Wertschätzung für ein ausgeführtes Signal ist immer angebracht, auch dann, wenn dein Hund schon erwachsen ist und es aus dem Effeff beherrscht. Die Wertigkeit der Belohnung darf sich währenddessen immer an das Niveau der Anforderungen anpassen.

Am Beispiel „Sitz“: Wenn du das Signal bisher in der Wohnung oder im Garten unter wenig Ablenkung geübt hast, dann könnte

ein nächster Schritt sein, die Übung beim ruhigen Spaziergang (ohne fremde Hunde, Menschen) in gewohnter Umgebung einzubauen. Klappt das gut, können nach und nach kleinere Ablenkungen ergänzt werden. Das könnte zum Beispiel ein fremder Hund sein, der in einiger Entfernung vorbeiläuft, oder ein Spielzeug, das in der Nähe liegt. Du entscheidest Schritt für Schritt, was für deinen Hund die Anforderung schwieriger macht. Und natürlich darf es zur Motivation auch immer wieder leicht werden zwischendurch.
Achte darauf, dass du die Ausführung nicht verlangst, wenn du das Gefühl hast, die Situation könnte noch zu schwierig sein. Du möchtest deinen Hund nicht demotivieren!
Die Anforderungen steigerst du so lange schrittweise, bis die für deinen Hund höchstmögliche Schwierigkeit erreicht ist. Für den einen Hund ist es das Ausführen aus einem Spiel mit einem anderen Hund heraus, während du 100 Meter entfernt bist. Für einen anderen ist es, das „Sitz" auch dann noch auszuführen, wenn er gerade eine besondere Spur erschnüffelt hat. Für Hunde wie meine Alma wäre es ein rennendes Käsebrot ;-)

Wenn du diese 3 Schritte so umsetzt, kannst du deinem Hund alles beibringen, was du von ihm möchtest.

Warum OHNE Strafe trainieren?

Das Prinzip, was ich dir hier erklärt habe - das Training über Belohnung - heißt im Fachjargon „positive Verstärkung". Es gibt noch andere Wege, einen Hund zu trainieren, zum Beispiel so, dass man einer unerwünschten Handlung des Hundes, eine Strafe folgen lässt.
Warum das nicht sinnvoll ist, wenn ein Hund etwas Neues lernen soll, möchte ich dir in diesem Abschnitt verdeutlichen.

Das könnte zum Beispiel so sein: Wenn ich möchte, dass mein Hund sich hinsetzt, sage ich „Sitz“ und wenn er es nicht macht, schimpfe ich mit ihm. Oder: Wenn mein Hund an der Leine zieht, dann rucke ich auch an der Leine. Oder: Wenn mein Hund bellt, dann bespritze ich ihn mit Wasser.
All das führt nicht (oder nur mit großen Nebenwirkungen) zum gewünschten Ergebnis!

Grund Nr. 1: Nur weil der Hund dann weiß, was er NICHT tun soll, weiß er noch lange nicht, was er tun soll.
Es bringt oft gar nichts, dem Hund ein Verhalten zu verbieten, wenn ich ihm nicht gleichzeitig erkläre, was ich stattdessen von ihm will. Der Hund hat einen Grund für seine Handlung - eine Ursache sozusagen, und diese Ursache wird nicht verschwinden, nur weil ich dem Hund verbiete, etwas zu tun. Er braucht eine Alternative, wie er die Ursache seiner Handlung dennoch verarbeiten kann.
Grund Nr. 2: Du weißt jetzt schon: Hunde lernen kontextbezogen. Angenommen, dein Hund bellt eine Kuh auf der Weide an und du strafst ihn dafür. Es könnte sein, dass er das negative Gefühl nicht mit dem Bellen verknüpft, sondern mit der Kuh und den Radfahrern, die gerade in der Nähe sind. Vielleicht ist er so erschrocken, dass er zukünftig (noch größere) Angst vor Kühen und jetzt auch noch Radfahrern bekommt. Das Problem wird dadurch größer.
Grund Nr. 3: Deine Vertrauensbasis mit dem Hund wird gestört. Nehmen wir an, dein Hund fühlt sich unwohl, wenn er anderen an der Leine begegnet und bellt daher manchmal. Strafst du ihn in so einer Situation, zeigst du damit nur, dass du sein Problem nicht verstanden hast. Dein Hund fühlt sich alleingelassen und stellt fest, dass du seine Angst noch schlimmer machst, weil du ihm noch ein schlechteres Gefühl gibst. Wenn er das nächste Mal in so eine Situation kommt, wird er härtere Maßnahmen ergreifen, um sich zu schützen. Eigentlich möchtest du aber, dass

dein Hund sich in deiner Nähe sicher fühlt, bei dir Schutz und Unterstützung sucht, wenn er Hilfe braucht.

Grund Nr. 4: Es macht keinen Spaß! Du holst den Hund zu dir, weil du dir eine schöne Zeit mit ihm erhoffst, in Form von gemütlichen und stressfreien Spaziergängen. Der Hund soll dein Leben bereichern. Dann gibt es keinen Grund, dass du das Zusammenleben mit deinem Hund selbst zum Spießrutenlauf für euch beide machst. Ständig nur zu schimpfen und zu meckern, macht schlechte Laune. Es ist doch viel schöner, sich mit dem Hund zu freuen, wenn er etwas richtig macht. Dafür ist es viel effektiver, ihm zu erklären, was er tun soll, als nur, was er nicht soll und ihn dann raten zu lassen.

6

Welpenalltag - die wichtigsten Themen, die für den entspannten Start ins gemeinsame Leben wichtig sind

In diesem Bereich des Buches möchte ich dir die wichtigsten Themen rund um den Alltag mit dem (jungen) Hund genauer erklären. Da die Relevanz der verschiedenen Themen für jeden Leser unterschiedlich ist, weil jeder Alltag und jeder Hund völlig verschieden sind, ordne ich schlicht dem Alphabet nach und gebe keine Priorität von mir aus vor.

1) Allein bleiben

Unabhängig davon, ob im Alltag geplant ist, dass der Hund regelmäßig auch allein bleiben soll, oder das die Ausnahme sein wird, so ist es immer ratsam, die Grundlagen mit jedem Hund zu trainieren. Auch wenn es im normalen Alltag nie notwendig sein wird, dass der Hund allein zu Hause bleibt, so können sich Lebensumstände immer ändern, oder außergewöhnliche Situationen eintreten. Für Mensch und Hund ist es stressfreier, wenn in diesen Momenten das Alleinbleiben auch eine Option ist und der Hund auch diese Situation gelassen absolvieren kann, ohne unter Trennungsangst zu leiden.

Entgegen der landläufigen Meinung, es wäre schlecht für Hunde allein gelassen zu werden, gibt es Studien, die belegen, dass eine begrenzte Zeit allein, sogar förderlich für den Hund ist.

Vorausgesetzt natürlich, dass er damit ohne Angst und Stress klarkommt und das Alleinsein für sich als Entspannungspause nutzen kann.
Damit das klappen kann, ist einfühlsames, langsames Training notwendig. Hunde sind von Natur aus hochsoziale Tiere, deren Wohlbefinden, ähnlich wie bei uns Menschen, auch von der Gruppenzugehörigkeit abhängt.

Es ist erwiesen, dass Hunde, die entspannt regelmäßig bis zu vier Stunden am Tag allein sind, eine höhere Lebenserwartung haben, als Hunde, die deutlich weniger oder deutlich länger allein sind. Das hängt mit dem höheren Schlafbedürfnis der Hunde zusammen, das sie besser erfüllen können, wenn sie neben dem Nachtschlaf noch einmal einige Stunden zum tiefen Durchschlafen bekommen. (Auf das Schlafbedürfnis gehe ich später noch genauer ein, da es enorm wichtig ist, dass du darüber Bescheid weißt.)

Wie gut und schnell ein Hund lernt, entspannt alleine zu sein, wird unter anderem davon beeinflusst, welchen Charakter der Hund hat, in welchem Gemütszustand er ist und auch welche Vorerfahrungen er damit gemacht hat. Diese Faktoren kannst du nur bedingt beeinflussen. Was du beeinflussen kannst, ist, wie du deinem Hund beibringst, allein zu sein.

Das Training kann dann gelingen, wenn du dir ausreichend Zeit dafür nimmst. Es gibt Hunde, die völlig problemlos lernen, wenige Stunden allein zu sein und dann auch gemütlich schlafen. Andere brauchen dafür monatelanges Training. Egal, wie lange dein Hund braucht, es gibt eine goldene Regel, die dabei oberstes Gebot ist: Wenn der Hund noch nicht allein sein kann, dann wird er nicht allein gelassen!
Für die Übergangszeit ist es also dringend notwendig, Alternativen zu organisieren. Das kann so aussehen, dass er mit dir zur

Arbeit und zum Einkaufen kommt, oder dass du Nachbarn und Familie mit einspannst, wenn du Hilfe brauchst. Natürlich gibt es auch Hundetagesstätten oder Hundesitter, die dabei eine Hilfe sein können.

Wenn du mit dem Training beginnst - und auch später, bevor du den Hund dann tatsächlich allein lässt - ist es wichtig, dass die Grundbedürfnisse deines Hundes erfüllt sind. Er sollte weder hungrig noch durstig sein und vorher die Möglichkeit gehabt haben, alle seine Geschäfte bei einem gemütlichen Spaziergang zu erledigen. Weit verbreitet ist die Ansicht, man müsse den Hund vor dem Alleinsein nur „ordentlich auspowern", damit er so müde ist, dass er durchschläft. Meistens bewirkt dieses Vorgehen das Gegenteil. Nach einem actionreichen Spaziergang ist der Hund voll mit Adrenalin und unter großer Anspannung. Während er allein ist, wollen wir aber, dass der Hund möglichst einfach schläft. Das fällt vielen Hunden direkt nach einer Anstrengung sehr schwer. Daher: ruhige Bewegung vorher - ja, müde machen durch möglichst hohe körperliche Aktivität - nein. Sind alle Voraussetzungen erfüllt, kannst du das eigentliche Training beginnen. Und das fängt innerhalb der Wohnung an. Es ist wichtig, dass der Welpe in der Lage ist, sich in der Wohnung zu entspannen und dir nicht auf Schritt und Tritt hinterherläuft. Denn wenn er schon Schwierigkeiten damit hat, entspannt im Nebenraum zu sein, wie soll er das dann schaffen, wenn du die Wohnungstür hinter dir schließt?

Dieser Übungsschritt hat ganz viel mit grundsätzlichem Entspannungstraining zu tun.
Ein Hund, der von Grund auf aufgeregt ist, wird sich schwer damit tun, ruhig auf einem Platz zu bleiben, während du in der Küche den Kühlschrank öffnest. Die Betonung liegt dabei auf ruhig im Sinne von entspannt. Es genügt nicht, dem Hund eine Anweisung zu geben, dass er auf seinem Platz bleiben soll,

während du dich bewegst. Wenn er dabei angespannt ist wie ein Bogen, dann nützt das für das Alleinsein und die allgemeine Entspannung gar nichts.
Um hier tiefer einzusteigen, schau in die späteren Abschnitte zum Tagesablauf und der Ruhezone.

Wo soll der Hund am besten bleiben? Für viele Hunde hilft es, wenn sie nur einen Raum zur Verfügung haben und nicht die komplette Wohnung „überwachen" müssen. Insbesondere die Nähe zur Wohnungstür macht manchmal Stress, wenn dann noch Geräusche von außen dazukommen, bringt das manche Hunde aus dem inneren Gleichgewicht. Ein ruhiger Raum, den der Hund gerne als Rückzugsort nutzt, mit einer Schale Wasser und gemütlichen Liegemöglichkeiten, ist ein geeigneter Platz.

Sobald es in der Wohnung völlig problemlos geht, dass dein Welpe sich in einem anderen Raum aufhält und dort auch schlafen kann, während du dich bewegst, kannst du einen Schritt weiter gehen.
Nun gilt es herauszufinden, wie dein Hund den Übergang bzw. „Abschied" gut erfahren kann. Hierzu kannst du deinem Hund entweder eine kleine Ablenkung zum Kauen geben, oder wenn er sowieso entspannt ist, es auch ohne ausprobieren und die Wohnungstür öffnen. Manche Hunde brauchen ein Abschiedsritual, um Bescheid zu wissen und den Prozess des Weggehens zu überbrücken; andere kommen am besten klar, wenn es vorher kein Ritual gibt. Das findest du nur durch Ausprobieren heraus. Verändere dein Vorgehen so, wie es sich für deinen Hund richtig anfühlt, in einem Stadium, wo er bereits entspannt sein kann und übe erst dann am eigentlichen Alleinsein weiter.

Wenn du weißt, wie das Weggehen am besten für euch funktioniert, dann wäre jetzt der richtige Moment, um die Wohnung auch tatsächlich zu verlassen. Kurz draußen bleiben und wieder reinkommen. Hat dein Hund seinen Platz nicht verlassen und erscheint dir nicht alarmiert, ist das die beste aller Möglichkeiten. Es kann auch sein, dass er diesen Schritt etwas argwöhnisch aufnimmt. Dann wiederholst du den Ablauf „Kurz vor die Tür und wieder rein“ 2-3 Mal am Tag so lange, bis der Welpe nicht mehr aufmerkt. Wenn du wieder reinkommst, verhalte dich ganz gelassen. Kommt dein Hund zu dir gestürmt und begrüßt dich überschwänglich, dann bleib ganz ruhig und begrüße ihn auch kurz. Fahre danach aber weiter mit dem fort, was du gerade vorhattest. Steig also nicht auf die hohe Aufregung ein, denn für dich ist es völlig normal, dass du mal kurz gehst und dann wieder da bist. Langfristig darf die Begrüßungssituation ganz ruhig ablaufen.

Sind diese ersten Schritte geschafft, kannst du die Zeit, in der du draußen bleibst, schon langsam und kleinschrittig ausdehnen. Bring den Müll runter oder gehe zum Briefkasten, sodass du wenige Minuten weg bist. Es ergibt Sinn, sich wirklich kleine Vorhaben auszusuchen und nicht nur rauszugehen und vor der Tür zu warten. Denn deine Energie ist eine andere, wenn du wirklich eine kurze Erledigung machst und selbst nicht voll auf den Hund konzentriert bist, als wenn du angespannt draußen an der Tür lauschst.

Wenn du möchtest oder dir nicht sicher bist, kannst du ab jetzt auch die Hilfe einer Kamera in Anspruch nehmen, mit der du den Hund beobachten kannst, während du weggehst. Gerade im Training ergibt das Sinn, damit du das Verhalten des Hundes gut einschätzen und dadurch dein Training gut anpassen kannst (Empfehlungen für Kameras und geeignete Apps findest du auch am Ende des Buches).

Gehen fünf Minuten allein sein ganz selbstverständlich und ohne Aufregung, dehnst du die Zeit langsam weiter aus. Wie schnell und in welchen Schritten du vorgehst, passt du an deinen Hund an. Ist er eher unsicher und war schon bei den fünf Minuten langsam, sich daran zu gewöhnen, dann gehe auch hier kleinere Schritte, um ihn nicht zu überfordern. Ein blödes Erlebnis zwischendurch kann das ganze Training wieder auf Anfang setzen. Hatte dein Hund bisher keine Probleme und findet Alleinsein in Ordnung, dann kannst du hier auch schon die ersten 10 Minuten probieren.

Sollte dein Hund doch einmal beginnen, unruhig zu werden, zu jaulen, dich zu suchen, hektisch herumzulaufen oder Ähnliches, dann geh wieder rein, halte die Begrüßung genauso gelassen wie immer und merke dir für das nächste Mal, dass dein Schritt zu groß war und geh mit dem Training ein paar Stufen zurück. Wenn dein Hund fiept oder jault, dann warte für dein Zurückkehren möglichst einen Zeitpunkt ab, in dem er ruhig ist. Sonst könnte es sein, dass er damit beim nächsten Mal direkt versucht, dich zurückzurufen. Gehe hier (wie immer und bei allem) mit Bauchgefühl vor. Es nützt nichts, den Welpen 10 Minuten allein zu lassen, wenn er wahnsinnig Stress dabei hat, nur um einen ruhigen Moment zu erwischen. Hierbei wird er nichts lernen, außer dass das Alleinsein absolut furchtbar ist. Wann es in Ordnung ist, noch kurz auf einen ruhigen Moment zu warten und wann du schnell wieder zurückgehst, um dem Hund zu helfen, wirst du mithilfe deiner Intuition schnell sinnvoll entscheiden können.

Während du im Training bist, dehnst du die Zeit zwar immer weiter aus, achtest aber darauf, dass es nicht bei jedem Mal immer länger wird. Es ist gut, wenn du auch immer mal wieder einen Schritt zurückgehst. Angenommen, dein Hund kann jetzt schon eine Stunde ohne Probleme allein bleiben, dann nimm auch Einheiten dazu, wo du nach 15 Minuten wieder da bist. Ab jetzt ist es auch nicht mehr nötig, genau auf die Minuten zu

schauen. Wenn der Hund wirklich entspannt ist, dann ist es nicht mehr wichtig, ob es genau 60 Minuten oder doch mal 72 Minuten sind.
Wenn du so kleinschrittig und mit Bauchgefühl vorgehst, dann wird dein Hund früher oder später kein Problem damit haben, wenn du gehst. Sollten sich doch Herausforderungen abzeichnen, die du nicht bewältigen kannst, dann zögere nicht, einen kompetenten Trainer ins Boot zu holen. Am Ende kommt es immer auf Kleinigkeiten an, die ein erfahrener Trainer viel schneller sieht als man selbst.

2) Anspringen

„Wie kann ich meinem Hund das Anspringen von Menschen ABGEWÖHNEN?“ Das ist eine der häufigsten gegoogelten Fragen im Hundebereich. Viel sinnvoller wäre es, sich zu fragen: „Wie kann ich meinem Hund erklären, dass er die Füße auf dem Boden lassen soll?“ (Das gilt für alle Verhaltensweisen). Denn wie du im Kapitel über das Lernverhalten bereits erfahren hast, geht es immer darum, dem Hund zu erklären, was er tun soll und nicht nur das zu sagen, was er nicht tun soll. Wenn der Hund nicht mehr springt, könnte er immer noch bellen, in die Hosenbeine beißen oder in die Luft springen. Dabei möchtest du doch eigentlich, dass er zu dir kommt und in deiner Nähe ist, ohne dich anzuspringen. Passanten soll er möglichst ignorieren. Bei einem Welpen mag es noch niedlich sein, wenn er auf einen Fremden zurennt und an ihm hochspringt. Ist der Hund größer und hüpft mit schlammigen Pfoten an Spaziergängern hoch, finden diese das wahrscheinlich nicht mehr toll. Daher darf der Welpe von Beginn an lernen, wie er sich stattdessen verhalten kann, damit es nicht plötzlich Ärger für ein Verhalten gibt, was für ihn als Welpen noch mit einem Lächeln kommentiert wurde.

Schauen wir uns zunächst an, warum Welpen an Menschen hochspringen. Wenn du einmal eine Hündin mit ihren Welpen gesehen hast, dann weißt du, dass die Welpen öfter an der Schnauze der Mutter schlecken, um nach Futter zu betteln oder auch zur Begrüßung und generell als freundliche Geste. Wir Menschen haben unser Gesicht nun einmal sehr weit oben für einen Welpen. Daher ist die erste Tendenz, meistens an uns hochzuspringen, um etwas näher an unseren Kopf zu kommen. Wenn der Hund das die ersten Male macht, hocken sich die Menschen dann zu ihm runter, freuen sich darüber und streicheln den Hund.

Du erinnerst dich: Wenn sich das Verhalten für den Hund lohnt, wird er es in Zukunft öfter zeigen. Wir bringen dem Hund also dabei ganz exakt bei, dass das Hochspringen an Menschen eine wunderbare Idee ist, weil sich der Mensch freut und den Hund streichelt.

Wenn du dem Hund beibringen möchtest, die Füße auf dem Boden zu lassen, dann solltest du ihn also auch dafür loben und nicht für das Springen. Konkret machst du das, indem du dafür sorgst, dass der Hund gar nicht erst springen muss. Wenn er freudig auf dich zukommt, dann hocke dich gleich zu ihm und streichle ihn unten. Du kannst auch ein Leckerli auf den Boden zu deinen Füßen werfen, damit das Gute sich unten und nicht oben befindet.

Bei fremden Menschen achtest du möglichst frühzeitig darauf, dass der Hund gar nicht erst auf die Idee kommt, dass sich das lohnen könnte. Wenn du vorausschauend handelst und den Hund zu dir holst, wenn jemand entgegenkommt, dann kannst du einerseits den Hund besser beeinflussen und zum Beispiel ablenken. Ein wesentlicher Faktor ist aber auch, dass dein Training dadurch nicht von anderen Menschen „untergraben" wird. Viele Menschen finden Welpen so süß, dass sie schon fast reflexartig auf den Hund reagieren und ihm so unbeabsichtigt etwas Unerwünschtes beibringen.
Den Menschen in deiner Umgebung, die direkteren Kontakt mit dem Nachwuchshund haben, erklärst du am besten, was sie tun können und warum das wichtig ist. Die meisten sind bereitwillig dabei, bei der Erziehung mitzuhelfen, wenn man ihnen sagt, wie sie sich verhalten können.

Wenn das Hochspringen nicht bestätigt wird, dann verschwindet es meist von selbst. Auch weil es in der Entwicklung des Hundes auch innerhalb der eigenen Art immer unwichtiger wird.

Sollte es trotz guten Vorausschauens dennoch mal vorkommen, dass der Hund hochspringt, ist das kein Beinbruch. Je nach Situation und Charakter des Hundes kannst du es einfach ignorieren, warten bis der Hund wieder alle Füße auf dem Boden hat und dich dann mit ihm beschäftigen. Dies tendenziell dann, wenn der Hund vorsichtig ist und schnell von sich aus wieder runtergeht. Wenn er fordernd und aufgedreht ist und bewusst anspringt, um ein Ziel zu erreichen, dann gilt es, ihm eine Grenze zu setzen (Wie du das machst, kommt im Abschnitt „Nein") und ihm anschließend eine Möglichkeit anzubieten, was er stattdessen tun kann.

Das eben beschriebene Prinzip kannst du auf jedes unerwünschte Verhalten deines Hundes anwenden. Sorge wenn möglich dafür, dass der Hund keine Chance bekommt, etwas falsch zu machen. Hier: Gehe schon vorher zu ihm runter oder lasse Leckerlis auf den Boden fallen, bevor der Welpe dich anspringen kann. Dadurch sorgst du dafür, dass er das gewünschte Verhalten direkt übt und sich das Unerwünschte gar nicht erst festigt. Wenn doch mal was schiefläuft, unterbrich den Hund freundlich aber bestimmt und sage ihm, was er stattdessen tun soll.

3) Beißhemmung - die Zähne ausprobieren...
....aber doch bitte nicht an mir!

„Hilfe, mein Welpe beißt!" Auch diesen Hilferuf höre ich in meinem Alltag als Hundetrainerin immer wieder.
Dabei hat der Einsatz der Zähne bei so jungen Hunden nur sehr selten etwas mit Aggressivität zu tun. Sie üben Verhalten, das später gebraucht wird. In ihrer Hundefamilie beginnen sie bereits damit, den „richtigen" Einsatz der Zähne zu erproben. An Geschwistern wird erforscht, wie stark man im Spiel die Zähne nutzen kann, damit es noch spaßig bleibt oder eben zu stark ist und der Spielpartner einen alleine sitzen lässt. Auch die Welpenmutter erklärt den Kleinen nach und nach deutlich, wann es zu viel ist.
Über die Zeit lernt der Junghund dadurch, seine Zähne dosiert einzusetzen und die Kraft auf die Situation und den Gegenüber anzupassen. Dieses Ausprobieren und Erproben ist in den meisten Fällen, wenn die Welpen in ihre neue Familie ziehen, noch nicht abgeschlossen. Es ist also völlig normal, dass Welpen auch mal „zu doll" werden und ihre Zähne einsetzen.

Deine Aufgabe dabei ist, dem heranwachsenden Hund deine Grenzen zu erklären, damit er versteht, wie er mit Menschen gut umgehen kann.
Wenn ein Welpe im Spiel also zu wild wird und die Zähne einsetzt, ist das natürlichste Vorgehen, das der Welpe intuitiv versteht, dass du einen Schmerzruf von dir gibst, weggehst und das Spiel beendest. Insbesondere wenn Kinder mit im Haus sind, ist es sinnvoll, diese „Au"-Grenze sehr früh zu setzen - also schon dann, wenn Zähne die Haut berühren.

Hin und wieder wird es vorkommen (auch das ist wieder bedingt durch die Situation und den Charakter des Hundes), dass der Welpe diese Grenze nicht akzeptiert und dadurch scheinbar weiter aufgestachelt wird. Das ist ein deutliches Zeichen dafür, dass vorher zu viel Action war. Der Hund ist dann überdreht und kann nicht mehr richtig denken. Hier hilft eine Pause. Es nützt nichts, mit dem Hund (der in dem Moment sowieso nicht aufnahmefähig ist) zu diskutieren. Das Prinzip: Handle vorausschauend und sorge dafür, dass der Hund das ungewünschte Verhalten nicht ausführen kann, greift hier. Und wird ergänzt durch: Hilf dem Hund, eine Pause zu machen und sich zu entspannen.

Konkret kann das so aussehen, dass du den Welpen entweder gelassen aber bestimmt auf seinen Platz bringst und ihn anleinst, oder einen Welpenkennel hast, mit dem du erstmal dafür sorgen kannst, dass er dir nicht nachlaufen kann. Möglich ist es auch, den Hund anderweitig abzulenken; ihm zum Beispiel etwas zum Kauen zu geben, wo er seine Zähne einsetzen darf.
Wichtig ist hier zu wissen, dass das Bedürfnis etwas zu kauen, Hunde ein Leben lang begleitet. Es ergibt also Sinn, auch dieses Bedürfnis mit geeigneten Dingen zu befriedigen, damit keine Möbel, Klamotten oder Haut darunter leiden.
Insbesondere rund um den Zahnwechsel der Junghunde besteht ein großer Bedarf, das Zahnfleisch zu kühlen. Der Zahnwechsel findet zwischen dem 3. und 7. Lebensmonat statt. Zu Beginn wird das Milchgebiss von „vorne nach hinten" ausgetauscht. Das ist meistens etwas entspannter, da die bleibenden Zähne sich nicht erst durchbrechen müssen, sondern die Milchzähne herausschieben.
Später werden dann auch die hinteren Backenzähne angelegt. Hier kommt es ähnlich wie bei Kleinkindern beim Zahnen schon häufiger zu Belastungen der Hunde. Das Zahnfleisch ist möglicherweise entzündet und juckt und der Hund möchte sich Abhilfe verschaffen. Bei Kleinkindern nutzt man gekühlte Beißringe oder Ähnliches; für Welpen gibt es gleichartige Möglichkeiten.

Bewährt haben sich auch im Tiefkühler vorbereitete Gurken, an denen der Welpe dann knabbern kann. Auch leicht angefrorene Waschlappen zum Kauen mögen einige Welpen ganz gern.

4) Die wilden 5 Minuten

Jeder, der schon mit jungen Hunden zusammengelebt hat, kennt sie. Die berüchtigten wilden 5 Minuten.
Manchmal scheint es, als würden die Hunde einen Schalter umlegen. Da wird wild durch die Gegend gerannt, über Tische und Bänke gesprungen, gebellt, sich im Kreis gedreht, Spielzeug geschleudert und das Clownsgesicht rausgeholt. Und so plötzlich wie es gekommen ist, ist es dann auch wieder vorbei. Da steht er dann da, der schlaksige Jungspund und pumpt wie ein Maikäfer mit einem Grinsen im Gesicht.

Das, was ich gerade beschrieben habe, sind die „echten" wilden 5 Minuten. Sie sind völlig normal und es bedarf hier auch keinem Eingreifen deinerseits. Es ist nicht nötig, den Hund irgendwie einzugrenzen. Es sei denn, es geht um Dinge, die gefährlich werden können. Du kannst dich hier einfach mitfreuen und dir diesen Anblick gut merken, denn ein erwachsener Hund zeigt solche kindliche Ausgelassenheit nicht mehr so häufig.

Und dann gibt es da noch aufgedrehtes Verhalten des Hundes, das mit diesen kurzen Reprisen nichts zu tun hat. Wenn diese Sequenzen häufiger am Tag auftreten, oder zunehmend länger dauern und der Hund von allein nicht mehr zur Ruhe kommt, dann ist das ein eindeutiges Zeichen für „Achtung: Heute war zu viel los, mein Hirn ist überladen".
Hier gilt es, sich genau bewusst zu machen, wo die Ursache liegt. Es bringt nichts, dem so überdrehten Hund zusätzliche Aufgaben abzuverlangen oder mit ihm zu schimpfen. Ähnlich kleinen Kindern nach dem Besuch im Freizeitpark hilft hier eine Pause und Schlaf.
In dem Zustand schaffen viele Hunde es nicht mehr, sich von allein zu beruhigen. Es sei denn, du hast einen von Haus aus gelassenen Hund - der Charakter spielt hier eine große Rolle -

dann wirst du allerdings auch nicht in diese Problematik kommen, denn der Hund wird sich von allein aus der Situation rausziehen, wenn es ihm zu viel wird und macht von sich aus ausreichend Pause.

5) Dominanz?!

Was die Partnerschaft mit dem Hund wirklich ausmacht

Eines vorweg: Geschätzte 95% der Themen, die Menschen mit einem dominanten Hund verbinden, haben rein gar nichts damit zu tun.

Es existieren so viele Mythen darüber, die teilweise so absurd sind, dass ich regelmäßig darüber lachen muss. Ich liste dir hier eine Reihe auf, damit du das Muster erkennst und diese sofort in die Märchen-Schublade stecken kannst.

1) Der Hund darf nicht vor dem Menschen durch die Tür gehen.
2) Der Hund darf nicht auf einem erhöhten Platz liegen, schon gar nicht ins Bett oder auf die Couch.
3) Er darf nicht vor dem Menschen fressen und muss sich auf jeden Fall und ständig sein Futter wegnehmen lassen.
4) Der Mensch muss IMMER das Spiel anfangen und beenden, niemals darf der Hund entscheiden.
5) Wenn der Hund nicht auf Kommandos reagiert oder an der Leine zieht, dann ist er dominant.
6) Wenn der Hund auf deinem Schoß sitzt, dann ist er dominant.
7) Wenn er einen anderen Hund anknurrt oder sonst wie deutlich macht, dass er Abstand möchte, dann ist er dominant.

All das stimmt so pauschal nicht! Dominanz ist keine Charaktereigenschaft eines Lebewesens. Sie kann immer nur situationsspezifisch auftreten. Sie beschreibt, wer in einer bestimmten Situation den Ton angibt. In dem Moment, wo du entscheidest, bist du dominant. Wenn dein Hund entscheidet, ist er dominant. Und im nächsten Moment kann es wieder anders sein.

Es ist nicht schlimm, wenn du deinen Hund Entscheidungen treffen lässt. Es ist auch nicht schlimm, wenn er auf die Couch darf oder vor dir durch die Tür geht. Deswegen wird er nicht die Weltherrschaft an sich reißen wollen oder dich im Alltag ignorieren.

Ich verstehe die Partnerschaft mit dem Hund als Teamarbeit. Jeder übernimmt die Entscheidungen, die in seinem Kompetenzbereich liegen. Der Mensch übernimmt die Teamleitung und hat damit das Vetorecht und das nicht deshalb, weil es super wichtig ist, der Chef seines Hundes zu sein, sondern weil in der Welt der Menschen, der Mensch derjenige ist, der die höchste Kompetenz hat.
Wenn wir beim Begriff der Partnerschaft bleiben, dann fällt auch auf, dass es um Ausgeglichenheit geht. Wenn immer nur einer alle Entscheidungen trifft, hat das mit Partnerschaft nichts zu tun.

Im Alltag mit meiner Hündin gibt es verschiedene Dinge, die je nach Situation immer wieder neu geregelt werden. Sie darf normalerweise auf die Couch und braucht dafür auch nicht auf meine Erlaubnis warten. Habe ich Besuch und die Couch wird gebraucht, dann bekommt Alma für diesen Abend nicht die Erlaubnis auf die Couch zu gehen.

Wie viele Entscheidungen du dem Hund überlässt, ist wieder eine Frage des Bauchgefühls. Dabei geht es führend um die Kompetenz. Ein Welpe hat noch nicht besonders viel Lebenskompetenz erworben und braucht öfter Führung und Unterstützung durch uns. Je älter der Hund wird, desto sicherer wird er verschiedene Momente einschätzen und passende Entscheidungen treffen.
Mit einem Hund jeden Alters ergibt es Sinn, solche Momente spielerisch ins Training zu integrieren und ihr Selbstbewusstsein

zu stärken, ihm beispielsweise eine Aufgabe zu stellen und die Lösungsfindung zu überlassen. Hin und wieder kann die Lösung dann auch darin liegen, dass dein Hund sich deine Hilfe holt, weil er die Herausforderung alleine nicht lösen kann. So stärkst du einerseits seine Lösungskompetenz, was ihm auch im Alltag zugutekommt. Und andererseits förderst du so eure Kooperation miteinander. Wenn dein Hund dich als wertvolle Unterstützung in schwierigen Momenten ansieht, wird er ruhiger bleiben können und auch auf deine Hilfe bauen, wenn im Alltag Probleme auftreten.

Du siehst also - wie ein Hund sich dir gegenüber verhält, hat viel damit zu tun, wie ihr gemeinsam als Partner funktioniert. Wenn Hunde Entscheidungen selbst treffen, die sie überfordern, ohne dabei die Hilfe des Menschen anzufragen, dann kommt das oft daher, dass sie die Erfahrung gemacht haben, dass der Mensch keine Hilfe ist.

Ich wünsche dir, dass du diesen spannenden Weg gemeinsam mit deinem Hund beschreitest und eure eigene Partnerschaft gut ausbalancierst. Hierbei kannst du immer wieder verändern und anpassen. Wird der pubertierende Halbstarke gerade etwas zu forsch, braucht er eventuell wieder ein paar Grenzen mehr und klare Entscheidungen von dir, obwohl das mit 5 Monaten schon richtig gut funktioniert hat. Hast du einen schlechten Tag und dein Hund ist gerade dann etwas überdreht, soll er vielleicht im Freilauf näher bei dir bleiben als an einem Gute-Laune-Tag, an dem ihr beide völlig gelassen seid? Du musst euch kein Korsett anziehen - das Leben ist immer in Bewegung und deswegen dürfen sich auch Regeln wieder verändern.

6) Bewegungspensum

Wie viel Bewegung ist gesund ?

Und was ist eigentlich mit Treppensteigen?

Auch hierüber wird in der Hundewelt viel diskutiert und es gibt viele eingefahrene Meinungen. Ich bin auch hier dafür, dass ein gesundes Bauchgefühl selten zum falschen Ergebnis führt.
Schauen wir uns zunächst die Fakten an.
Fakt ist: Die Knochen, Knorpel, Sehnen und Muskeln sind bei einem Welpen noch nicht vollständig ausgebildet. Es dauert bis ca. 1,5 Jahre (je nach Rasse auch kürzer oder länger), bis man von einem körperlich ausgewachsenem Hund spricht.
Fakt ist auch: Muskeln bauen sich am schnellsten auf, Sehnen und Knorpel langsamer und am längsten brauchen die Knochen.

Es ist ohne Probleme möglich, die Muskulatur eines jungen Hundes schnell so zu trainieren, dass er eine Stunde am Stück straffen Schrittes spazieren gehen kann. Sinnvoll ist es nicht, denn die Grundstruktur der Sehnen und Knochen ist dann noch lange nicht soweit, dass sie diese Belastung aushalten kann. Das kann zu Schäden am Bewegungsapparat führen, die erst Jahre später deutlich werden. Arthrose, Hüftdysplasie, überlastete Bänder, all das wird dadurch begünstigt.

Um dem entgegenzuwirken, gibt es die Faustregel 5 Minuten pro Lebensmonat an Bewegung pro Tag. Das halte ich für zu eng gefasst. Denn für die Entwicklung der Körperstruktur ist die Bewegung notwendig. Je nachdem wie du wohnst, kann es in der ersten Zeit schon sein, dass du 5-6 Mal tagsüber mit dem Hund vor die Tür gehst, um sein Geschäft zu erledigen. Damit wären die 15 Minuten schon längst überschritten für einen 12 Wochen jungen Hund.

Es sollte aber auch klar sein, dass ein Welpe mit einem halben Jahr noch keinen straffen, anderthalbstündigen Spaziergang bewältigen sollte. Irgendwo darin liebt die Mitte. Sicher hängt das gesunde Mittelmaß auch davon ab, wie schnell dein Hund wächst, wie groß er insgesamt wird und in welcher Entwicklungsphase er gerade steckt.
Auch ist ein Spaziergang am Stück in ständiger Vorwärtsbewegung anders einzuordnen, als einer, der zwar länger dauert, dafür aber viele Erholungspausen zum Erkunden und Verarbeiten zwischendrin enthält.
Dass ein junger Hund weder beim Joggen noch Radfahren ein sinnvoller Begleiter ist, erklärt sich damit von selbst.
Wie ein optimaler Spaziergang für den Welpen und jungen Hund aussieht, dann lies dazu mehr im Abschnitt „Spaziergang".

In den Bereich „Bewegungspensum" gehört auch die Frage: „Darf mein Hund Treppensteigen?" Auch hier gibt es wieder die extremen Standpunkte, die vertreten, dass ein Hund bis zum 6. Lebensmonat auf gar keinen Fall eine Treppe steigen sollte. Ich bin der Meinung: Wenn der Bewegungsapparat in den ersten 6 Monaten keine Chance bekommt, auch diese Bewegungsform zu erfahren, kann er sich auch nicht darauf vorbereiten.
Ein oder zwei einzelne Treppenstufen sollte jeder Welpe hin und wieder bewältigen können, allein um den Bewegungsablauf zu üben und den Körper darauf vorzubereiten. Hierbei darf der Fokus auch darauf liegen, dem Hund beizubringen, die Treppen mit Bedacht zu gehen und nicht darüber hinwegzustürmen.
Größere Treppen sollte der Welpe zu Beginn nicht allein laufen und später darf er langsam lernen, sie mit deiner Hilfe zu erklimmen. Anfangs trägst du ihn sicher sehr oft die gesamte Treppe. Irgendwann ist er alt genug, dass du ihn die oberen Stufen auch allein gehen lassen kannst.
Natürlich kommt es auch immer auf die Beschaffenheit der Treppe an. Sind die Stufen mit Teppich ausgelegt und dadurch

rutschfest, ist es für den Hund viel leichter als auf glatten Marmor- oder Holzstufen.

Lass dich hierbei von deiner Intuition leiten und entscheide je nach Situation, wie viel du deinem Hund zutraust und auch zumutest.
Im Zweifel lohnt es sich hier, Rücksprache mit einem Tierarzt oder dem Physiotherapeuten zu halten.

7) Fremdelphasen - Spooky periods - manchmal ist jeder ängstlich

Spooky Periods im Fachjargon - landläufig haben sie viele Namen: Fremdelphasen und Gruselphasen sind die häufigsten. Du kennst sie sicher von Kindern! Das sind die Zeiten, in denen sich die Kinder hinter Mama verstecken und auf gar keinen Fall jemand anderem Hallo sagen und die Hand schütteln wollen. Die Momente, in denen plötzlich gruselige Dinge hinter jeder Ecke auftauchen, auch wenn sie eigentlich schon längst bekannt sind.

Diese Phasen gibt es bei Hunden auch!
Sie sind ein wichtiger Prozess für die Gehirnentwicklung. Bei all den Lernerfahrungen und neuen Dingen, die es für das Gehirn zu verarbeiten gilt, muss es zwangsläufig hin und wieder Phasen einbauen, in denen keine neuen Dinge von außen durchgelassen werden und der Fokus auf „Aufräumen im Inneren" liegt. Das ist wichtig, damit im Gehirn sinnvolle und effiziente Strukturen angelegt werden können. Das bereits Erlernte wird sortiert und miteinander verknüpft, manches wieder verworfen, andere Denkbahnen werden neu geschaffen. In diesen Zeiten hängt ein sinnbildliches „Wegen Umbauarbeiten geschlossen"-Schild vor dem Kopf des Hundes. Er ist weniger aufgeschlossen neuen Dingen gegenüber, weil das Gehirn in diesem Moment keine Kapazität hat, sie zu verarbeiten.

Das führt dazu, dass der Welpe im Allgemeinen etwas vorsichtiger wird. Neuen Dingen wird mit Argwohn begegnet und es kann auch sein, dass ganz normale Alltagsgegenstände plötzlich einen kleinen Schreck auslösen. Die Mülltonne steht plötzlich an einer anderen Stelle, weil die Müllabfuhr bald kommt, oder das Licht scheint heute anders auf ein Straßenschild. Ein Mann mit großem Hut kommt euch entgegen und die Frau mit

den Nordic-Walking-Stöcken klappert heute ganz besonders bedrohlich beim Laufen.
Der Hund spannt sich an, weicht zurück und bellt das gruselige Etwas hysterisch an.
In diesen Zeiten ist das völlig normal! Wenn du souverän damit umgehst, sind die Phasen genauso schnell vorbei, wie sie gekommen sind und danach geht das Lernen fleißig und mit vollem Tempo weiter. Damit das auch klappt und du nicht aus Versehen die Angst verstärkst, sodass sie bleibt, kommen hier einige kleine Maßnahmen, wie du mit solchen Situationen umgehen kannst.

1: Wenn du feststellst, dass dein Hund gerade in so einer Phase ist, dann fahre euer Pensum herunter. Bleibe bei alltäglichen Dingen und verschiebe die Lernausflüge auf später.
2: Bleib selbst gelassen, nimm deinen Hund dennoch ernst und hilf ihm, denn seine Angst ist echt und keine „Schauspielerei".
Wenn dein Hund also partout nicht einen bestimmten Weg entlanggehen will, weil er Angst davor hat, dann zwinge ihn nicht.
Wenn er die Mülltonne anbellt, dann darf er nur so nah herangehen, wie er sich traut; er muss die Angst nicht „überwinden".
Du kannst ihm helfen, indem du dir eher gelangweilt das gruselige Etwas genauer aus der Nähe ansiehst (der Welpe muss nicht mit), es für unwichtig erklärst und einfach weitergehst. So kann er sich von dir abschauen, dass es dir keine Angst macht, dir aber auch nicht besonders wichtig ist. Vielleicht reicht so eine kleine Geste schon, damit die große Angst verfliegt.
Auf keinen Fall lockst du deinen Hund mit Futter da hin. Es ist nicht sinnvoll, den Hund in den Konflikt zwischen Futter und Angst zu bringen. Denk dran, die Phase geht auch wieder vorbei.
3: Gib deinem Hund Schutz! Wenn er Angst vor anderen Hunden zeigt, oder vor entgegenkommenden Menschen, dann hilf ihm, die Situation leichter zu machen. Laufe einen Bogen mit

ihm, damit er mehr Abstand zum gefährlichen Gegenüber hat, dreh um oder nimm ihn auf den Arm, wenn ihm das hilft. Manchmal reicht es schon, wenn du dich zu ihm hockst, ihn zwischen deine Beine setzt und ihn vor allem anderen abschirmst (siehe auch Abschnitt „Sicherheitszone“).

Die Fremdelphasen haben auch (entsprechend der Gehirnentwicklung) Zeiten, die als Richtwert dienen können. Natürlich weichen die Zeiten je nach Hund ab; kleine Hunde sind häufig etwas früher, große Hunde etwas später dran. Dennoch können dir diese Zeiten eine ungefähre Hilfestellung geben.
Es gibt 5 Phasen; die ersten vier sind ausführlich erforscht und belegt. Die fünfte wurde durch Beobachtungen von erfahrenen Trainern und Hundepsychologen in den letzten Jahren ergänzt.

1. Phase: 8. Woche (Dauer 1 Woche)
2. Phase: 16. Woche (Dauer 1 Woche)
3. Phase: 9. Monat (Dauer 1-3 Wochen)
4. Phase: 15. Monat (Dauer 1-3 Wochen)
5. Phase: 26. Monat (Dauer 1-3 Wochen)

Du brauchst keine Angst vor solchen Phasen zu haben, oder dich sorgen, dass du etwas falsch machst. Meiner Erfahrung nach reicht schon allein das Wissen darüber, dass es sie gibt, um den Stress rauszunehmen und auch entspannt durch solche Phasen zu kommen.

8) Knurren - Kommunikation ist erlaubt!

Immer wieder begegnen mir im Alltag Fälle, in denen der Hund scheinbar „grundlos“ aggressiv wird. Meistens steckt dahinter ein Missverständnis zwischen Mensch und Hund. Bevor ich dir die Hintergründe genauer erkläre, möchte ich dir eine Geschichte dazu erzählen.

Jack ist ein hübscher und sehr freundlicher - fast schon zurückhaltender - Chihuahua. In seiner Familie fühlt er sich die meiste Zeit ganz wohl. Sie gehen mit ihm spazieren, es gibt etwas zu futtern, meistens sind die Menschen auch nett zu ihm.

Nur hin und wieder verhalten sie sich für sein Verständnis einfach merkwürdig.

Sie reißen ihn ohne Vorwarnung von den Füßen und knuddeln ihn, obwohl ihm das manchmal wirklich unangenehm ist.

Er dreht den Kopf weg, verspannt sich, gähnt und schleckt sich mit der Zunge ständig über die Nase. Seine Menschen hören trotzdem nicht auf und so versucht er es irgendwie auszuhalten.

Sein Körbchen steht neben der Tür im Wohnzimmer und immer wenn die jüngste Tochter an ihm vorbeigeht, beugt sie sich ganz schnell über ihn und streichelt ihn oder drückt ihm einen Kuss auf. Ihm ist das zu nah. Und da sie nicht versteht, dass er das nicht möchte, sagt er jetzt lieber schon früher Bescheid und fängt an zu knurren, wenn sie in die Nähe kommt.

Sie sagt dann: „Hey, das ist aber nicht nett von dir!“ und beugt sich trotzdem zu ihm runter. Er versucht dieselbe Strategie noch öfter und bekommt jedes Mal Ärger von den Menschen.

Immer wieder versucht Jack den Menschen klarzumachen, dass ihm manche Dinge, die sie mit ihm machen, unangenehm sind.

Er knurrt und da das nichts nützt, zeigt er sogar seine Zähne, um noch deutlicher zu sein.

Sie lachen über ihn, finden das Knurren entweder süß oder „nicht nett“. Aber sie machen trotzdem weiter. Er weiß nicht,

wie er ihnen sonst mitteilen kann, dass er mit den menschlichen Aufdringlichkeiten ein Problem hat.
Eines Abends, als Jack müde vom Tag ist und in seinem Körbchen eindöst, hebt ihn völlig unerwartet eines der Kinder aus dem Korb hoch und will ihm einen Gutenachtkuss geben.
Er ist so überrumpelt und geschockt, dass er nicht mehr knurrt, sondern das Mädchen in die Nase zwickt.
Die Eltern sind entsetzt, sie wollten doch einen LIEBEN Hund, der die Kinder mag und jetzt haben sie da einen gefährlichen, der plötzlich beißt!!
Mein Telefon klingelt: „Bitte hilf uns, Sarah, unser Chihuahua hat plötzlich und ohne Vorwarnung die Kinder gebissen! Wir müssen ihm abgewöhnen, dass er so böse ist."

In dieser Geschichte wird deutlich, was das Problem ist. Das Ziel ist nicht, dem Hund ein Verhalten abzugewöhnen! Das Ziel hier ist es, den Menschen anzugewöhnen, die Kommunikation des Hundes zu erkennen und ernst zu nehmen.
Kein Hund dieser Welt muss sich - genauso wenig wie Menschen - gefallen lassen, dass seine individuellen Grenzen so dermaßen respektlos behandelt werden.

Knurren ist Teil der Kommunikation des Hundes. Es ist okay, dass dein Hund mitteilt, wenn er in einer unangenehmen Situation ist. Nimm ihn ernst und überlege, wie du ihm in dieser Lage helfen kannst.
Ein Kind, das von der aufdringlichen Tante weggeht und vielleicht sogar die Hand wegschlägt, die ihm wild über den Kopf fährt, ist auch nicht aggressiv oder ungezogen. Es fordert die Akzeptanz seiner Grenzen ein. Das ist völlig in Ordnung. Und so ist es beim Hund auch.

Je öfter dein Hund die Erfahrung macht, dass du die kleinen Signale siehst (Zum Beispiel, dass er den Blick abwendet, einen

Schritt zurückgeht, sich unter der Hand duckt und viele Signale mehr, die Hunde nutzen, um ihr Unwohlsein zu verdeutlichen), desto mehr wird er diese Signale einsetzen. Ignorierst du die kleinen Signale, wird er anfangen zu knurren, um deutlich zu werden. Wird auch das ignoriert, bleibt ihm nicht viel übrig, als später auch mal die Zähne einzusetzen.

Also: Wenn dein Welpe dich anknurrt, dann freue dich darüber, dass er dir die Möglichkeit gibt, dein Verhalten zu ändern und überlege, was ihm solchen Stress machen könnte. Dann wird er nicht gezwungen sein, härtere Maßnahmen zu ergreifen.

Dasselbe gilt, wenn er andere Hunde anknurrt. Schimpfe nicht mit ihm. Er darf knurren. Das ist ein völlig normaler Teil der hündischen Kommunikation. In so einem Moment hilft es ihm, die Situation entspannt zu beenden, zum Beispiel, indem du den anderen Hund wegschickst, wenn der Gegenüber nicht auf deinen Hund reagiert.

Übrigens: Knurren gibt es in vielen Facetten. Was ich hier beschrieben habe, bezieht sich auf Momente, in denen der Hund Angst hat und offensichtlich mehr Abstand haben möchte. Es gibt Knurren auch im Spiel; hier ist das natürlich anders zu betrachten. Wenn du deinen Hund mit offenem Geist beobachtest, wirst du schnell feststellen, was er dir sagen möchte.

Einige vertiefende Literatur zum Thema Sprache der Hunde findest du im Literaturverzeichnis am Ende des Buches.

9) Körpersprache

Wie wichtig es ist, dass du die Sprache deines Hundes zu interpretieren lernst, hast du im Abschnitt oben erfahren. Dadurch lernst du, deinen Hund besser zu verstehen. Wichtig ist auch, dass du lernst, wie du auf deinen Hund wirkst.
Hunde sind wirklich gut darin, uns Menschen zu lesen. Über viele Jahrhunderte leben sie nun schon mit uns zusammen und sind in der Lage, unsere Emotionen beispielweise am Gesichtsausdruck zu erkennen.
Man könnte sagen, dass die erste Fremdsprache der Hunde die Körpersprache des Menschen ist. Sie verstehen die meisten Signale intuitiv und können darauf reagieren, ohne dass wir ihnen explizit bestimmte Dinge beibringen müssen. Anders ist es bei unserer Sprache. Es gibt keinen Hund, der auf die Welt kommt und weiß, was die Wörter bedeuten, die wir zu ihm sagen. Er kann anhand der Stimmlage und Energie feststellen, ob wir ihm gegenüber freundlich oder abweisend sind, aber die Kommunikation über Wörter muss dem Hund erst beigebracht werden.
Hier liegt eine Stolperfalle verborgen, denn wir Menschen achten in unserem Alltag nicht mehr bewusst auf unsere Körpersprache, sondern viel mehr auf die Wörter, mit denen wir kommunizieren. Wir nehmen oft nicht mehr wahr, wie wir körpersprachlich wirken. So kann es passieren, dass unsere Wörter und unser Körper eine völlig verschiedene Geschichte erzählen. Für einen Hund ist die Körpersprache aber der Teil der Information, die das meiste Gewicht bekommt, weil er sie am besten versteht.

Ganz deutlich zeigt sich das am Beispiel Rückruf.
Nehmen wir an, dein Hund hat gelernt, auf ein bestimmtes Wort hin zu dir zu kommen. Er weiß, was das Wort bedeutet und kann es auch umsetzen. In den Übungen warst du freundlich,

hast dich hingehockt und den Hund mit ausgebreiteten Armen eingeladen, zu dir zu kommen.
Jetzt ist eine Situation, in der du etwas angespannt bist. Vielleicht lauft ihr auf eine Straße zu und du möchtest unbedingt, dass dein Hund schnell zu dir kommt. Du stehst ganz aufrecht und mit viel Körperspannung, schaust deinen Hund direkt an und rufst mit lauter bestimmter Stimme euer Rückrufsignal. Für den Hund schreit dein gesamter Körper in diesem Moment „Bleib bloß weg!". Denn wenn ein Hund sich so verhalten würde, wie du gerade - angespannt deinen Hund anstarren - dann würde er genau das sagen. Das Signal sagt: „Komm her". Und da die Körpersprache für den Hund eine starke Priorität hat, ist es wahrscheinlich, dass er nicht zu dir kommt, sondern eher die Aufforderung deines Körpers befolgt.

Wenn du das Signal immer wieder so übst, wird dein Hund irgendwann lernen, deine Körpersprache zu ignorieren und darüber hinwegzusehen. Wieder ein Zeichen dafür, wie anpassungsfähig unsere Hunde sind.
Das Ziel für eure Kommunikation miteinander sollte meiner Ansicht nach aber sein, dass du lernst, deinen Körper so einzusetzen, dass du verständlich für deinen Hund bist. Dann wird es möglich, dass ihr im Einklang gemeinsam unterwegs seid und am Ende gar nicht mehr viele Signale braucht, weil dein Hund sich automatisch an dir orientiert, wenn für ihn wertvolle und eindeutige Informationen von dir kommen.

Für den Rückruf könnte eine eindeutige Körpersprache sein, wenn du den Hund rufst, und wenn er in deine Richtung kommt, den Körper etwas zur Seite drehst, einen Schritt zurückgehst, um ihm den Raum freizumachen und deinen Blick abwechselnd zwischen dem Hund und dem Raum vor deinen Füßen schweifen lässt.

Du kannst beide Varianten gern ausprobieren und dich selbst dabei filmen. Du wirst feststellen, dass selbst für uns Menschen die Einladung in letzterem Fall viel deutlicher ist als im ersten Beispiel.

Wenn du dir unsicher über dein Verhalten bist, dann kannst du entweder einen Profi fragen oder mit einem anderen Menschen üben. Wenn der Mensch körpersprachlich ohne weitere Anweisungen versteht, was er tun soll, dann ist die Chance groß, dass auch dein Hund es verstehen kann.
Hilfreich dabei ist auch, wenn du dir immer wieder mal vorstellst, wie die Welt in den Augen deines Hundes aussieht. Egal wie groß der Hund ist - wir Menschen sind riesig im Vergleich. Wir müssen uns häufig zum Hund herunterbeugen. Zum Beispiel, um ihm ein Geschirr oder Halsband anzuziehen, oder die Leine ein- und auszuklingen. Beugst du dich dabei stehend direkt über den Hund, ist das für viele wirklich unangenehm. Was dazu führen kann, dass ihnen das Anziehen oder Anleinen an sich unangenehm wird und vielleicht will er dann nicht mehr kommen, wenn du das Geschirr in der Hand hast, oder der Rückruf klappt nicht mehr, wenn du ihn anleinen möchtest.
Hockst du dich zum Hund runter und hast du ihn seitlich an deinem Körper, sieht die Sache schon ganz anders aus.
Es lohnt sich, sich über solche Kleinigkeiten bewusst zu werden und achtsam mit der Körpersprache zu sein. Viele kleine Probleme treten dann gar nicht erst auf und du wirst ein ganz harmonisches Miteinander mit deinem Hund erleben können.

10) Leinenführigkeit

Das Ding mit der Leine...Wenn ein Mensch-Hund-Team das kann, dann sieht es total einfach aus. Ist doch kein Problem, Leine dran und los; der Hund merkt doch, wenn die Leine zu Ende ist, oder etwa nicht? Wenn es so leicht wäre, dann gäbe es die ziehenden Hunde nicht, die sich mit ihren Menschen ein unbeabsichtigtes Kräftemessen liefern.

Bevor ich dir die wichtigsten Schritte zum Laufen an lockerer Leine und die häufigsten Stolperfallen erkläre, möchte ich dir aufzeigen, warum Hunde überhaupt an der Leine ziehen.

Beginnen wir mit der am wenigsten beachteten Ursache. Hunde verstehen das Prinzip Leine nicht intuitiv. Sie kommen nicht mit einem „Leinenmodus" auf die Welt. Es ist notwendig, dem Hund beizubringen, wie das Ganze funktioniert und ihm zu erklären, was von ihm erwartet wird!
Die natürliche Reaktion des Hundes ist Ziehen (übrigens ist das bei uns Menschen genauso). Wenn der Hund in eine Richtung geht und ihn etwas von hinten festhält, dann versucht er diesen Widerstand mit mehr Anstrengung zu überwinden.
Ab hier multiplizieren sich zwei Effekte: Wenn der Hund am Halsband oder unpassenden Geschirr zieht, tut ihm das, was ihn zurückhält, auch noch weh, was dazu führt, dass er nur noch schneller davon wegwill.
Außerdem könnte es sein, dass er die Erfahrung macht, dass er sein Ziel erreicht, wenn er zieht. Der Hund zieht, der Mensch geht hinterher, der Hund kommt dort an, wo er hinwollte. Du weißt jetzt schon, wie Training funktioniert und siehst daher, dass dadurch das Ziehen lehrbuchartig trainiert wurde.

Manchmal ziehen Hund auch deshalb, weil die Leine zu kurz ist und sie ungern auf direkter Tuchfühlung mit dem Menschen lau-

fen möchten. Entweder, weil der Mensch gerade wirklich schlecht drauf oder angespannt ist und damit keine angenehme Begleitung darstellt, oder auch weil Größenverhältnisse aufeinandertreffen. Besonders bei kleinen Hunden sieht man das häufiger. Sie laufen nicht direkt neben ihren Menschen, sondern 1-1,5 Meter neben ihnen. Das tun sie, weil sie den Kopf ihrer Menschen gar nicht sehen können, wenn sie direkt neben ihnen stehen. Wenn du das ausprobieren möchtest, stell dich neben einen 30 Meter hohen Baum und versuche die Spitze zu sehen. Stehst du dabei am Fuß des Baumes, musst du den Kopf überstrecken; dabei vorwärtszulaufen wäre sehr schwierig und auch unangenehm, weil du dann gar nicht mehr siehst, wo du hinläufst. Gehst du dagegen einige Meter vom Baumstamm weg, geht das viel leichter.
Genau das versucht dein Hund vielleicht auch. Und wenn die Leine dafür zu kurz ist, zieht er schon automatisch.

Du siehst - das Ziehen an der Leine ist nicht einfach „Sturheit" oder „böser Wille". Der Hund hat immer einen Grund dafür.

Bevor wir zum eigentlichen Training kommen, möchte ich dir noch meine Definition von Leinenführigkeit erklären.
Was ich von meinem Hund möchte, wenn die Leine eingehackt ist, ist, dass er sich in dem Radius bewegt, den die Leine ermöglicht, ohne dass dabei Spannung auf die Leine kommt. Er darf schnüffeln und pinkeln, einen Schritt hinter mir oder vor mir laufen, aus Pfützen trinken oder am Grashalm knabbern. All das ist erlaubt, solange die Leine locker bleibt.
Das ist mir wichtig, denn häufig sehe ich, dass Hunde an der Leine dauerhaft das Kommando „Fuß" ausführen und die eigentliche Leinenführigkeit nicht beherrschen. In meiner Definition bedeutet das Signal „Fuß": Laufe direkt neben mir, halte nicht an, laufe immer genau in meinem Tempo mit, nicht pinkeln, nicht trinken - voll Konzentration. Daher verlange ich ein

„Fuß“ nur für kurze Reprisen, wenn die Situation es erfordert, aber niemals über den gesamten Spaziergang hinweg.

Also - los geht es. Hier kommen die Schritte, in denen du deinem Hund die Leinenführigkeit beibringst.

Erster Grundsatz der Leinenführigkeit: *Verhalte dich an der Leine so, als wäre keine Leine dran!*

Die Leine ist eine Absicherung, aber kein Kommunikationsmittel. Achte darauf, dass du weiterhin über deine Körpersprache mit deinem Hund in Verbindung stehst und dabei darauf verzichtest, die Leine zu nutzen, um Informationen zu übermitteln. Wenn du anfängst an der Leine zu ziehen, wenn dein Hund mitkommen soll, oder in eine andere Richtung gehen möchtest, dann lernt dein Hund, dass in eurer Partnerschaft gezogen wird, wenn man in eine Richtung möchte. Außerdem ist es gar nicht so leicht, einen bestehenden Zug wieder aufzulösen. Lass dich mal von einem anderen Menschen an die Hand nehmen und in eine Richtung ziehen. Du wirst automatisch mit einer Gegenbewegung reagieren, um nicht aus dem Gleichgewicht zu kommen. Dasselbe macht dein Hund, wenn du an der Leine ziehst. (Je nach Größe des Hundes braucht es da nur einen ganz minimalen Krafteinsatz).

Neues Lernen braucht Zeit. Mach es deinem Hund so einfach wie möglich

In unserem Alltag gibt es häufig Momente, in denen wir die Leine als Sicherung brauchen. Vom Hund zu erwarten, dass er in all den Situationen auch schon an lockerer Leine geht, führt nicht zum Ziel. Es ist daher besonders hilfreich, wenn du eine Möglichkeit für dich nutzt, für den Hund genau zwischen dem „lockerer Leine“ und „Ziehen ist ok“-Modus zu unterscheiden. Am einfachsten geht das, indem du die Leine in beiden Fällen

an unterschiedlichen Stellen einhackst. Der Hund kann entweder Halsband und Geschirr tragen, während du für die Übungen der Leinenführigkeit die Leine am Halsband einhackst und im Freizeitmodus am Geschirr. Oder - falls das Geschirr einen Brust- und einen Rückenring für die Leine hat - kann die Leine im Freizeitmodus am Rücken eingehängt sein und für die Leinenführigkeitsübungen am Brustring sein.
So kannst du ganz bewusst das Gehen an lockerer Leine mit deinem Hund üben und hast gleichzeitig die Möglichkeit, mit dem angeleinten Hund von A nach B zu laufen, ohne auf die Leinenführigkeit achten zu müssen oder dir deinen Trainingsfortschritt wieder kaputtzumachen.

Kurze Übungseinheiten führen zum Erfolg!

Die Konzentrationsspanne eines Welpen oder Junghundes ist sehr gering. Baue daher kurze Übungseinheiten in euren Alltag ein. Es ist völlig in Ordnung, wenn du die Leinenführigkeit zum Beispiel an einem Tag 3 x 2 Minuten übst. Wenn du dabei fokussiert und mit Plan vorgehst, wirst du sehr schnell Erfolge erreichen.
Wenn du die Übung beginnst, hackst du die Leine dort ein, wo für euch der „Trainingsmodus“ ist und danach gleich wieder an den Ring für den Freizeitmodus.

Von leicht nach schwer - vom Grundschüler zum Abitur

Die ersten Übungseinheiten dürfen ohne Ablenkung stattfinden und dann, wenn der Hund sich gerade besonders gut konzentrieren kann, vielleicht im eigenen Garten oder sogar in der Wohnung. Dann verlagert ihr das Training nach draußen an eine für den Hund bekannte Stelle, an der nicht viel Ablenkung vorkommt. Klappt auch das gut, dürfen nach und nach immer schwierigere Situationen dazukommen.

Übung 1: Achte auf mich, ich zeige dir den Weg.

Diese erste Übung beschäftigt sich damit, dass du den ersten Grundsatz der Leinenführigkeit „Verhalte dich so, als wäre keine Leine dran" umzusetzen lernst und dein Hund lernt, auf deine Körpersprache zu achten. Gleichzeitig macht er seine ersten Erfahrungen mit dem Gehen an der Leine.

Leine deinen Hund an einer mindestens 2,5 Meter langen Leine an. Achte darauf, dass du den „Übungsmodus" nutzt.

In der einen Hand hältst du die Leine locker fest und lässt den Arm locker hängen. Die andere Hand übernimmt die Signale für den Hund. Mache deinen Hund aufmerksam und führe ihn nur mit deiner Körpersprache in die Richtung, wohin er gehen soll. Dein Körper bewegt sich dabei ungefähr so wie ein Butler, der dir die Tür öffnet.

Angenommen dein Hund ist rechts neben dir, deine rechte Hand hält die Leine. Dann machst du mit dem linken Fuß einen Schritt nach links, neigst den Oberkörper auch in die Bewegungsrichtung und führst deine linke Hand einladend von der rechten auf die linke Seite. Ganz so, als würdest du sagen: „Hier entlang, wenn ich bitten darf." Nach diesem einen Schritt bleibst du schon wieder stehen, richtest den Oberkörper auf, zeigst mit der Handfläche in Richtung deines Hundes, um ihm zu verstehen zu geben, stehenzubleiben. Halte kurz inne und lobe deinen Hund für seine Aufmerksamkeit. Nun gehe den nächsten Schritt. Wechsle dabei ab zwischen ein/zwei Schritten Vorwärtsgehen, links und rechts gehen und Rückwärtslaufen. Nach jeweils ein bis zwei Schritten stoppst du und machst eine Pause. So hast du zwischendurch Zeit, dich bewusst auf deine Körpersprache zu konzentrieren. Und auch dein Hund hat es leichter, anfangs einzelne Signale zu erfassen und umzusetzen. Lobe ihn dabei immer wieder.

Gib nicht auf, wenn es nicht gleich klappt. Du und dein Hund, ihr braucht beide Zeit, um zu lernen. Beende die Übung mög-

lichst dann, wenn euch ein kleiner Fortschritt gelungen ist, aber beiße dich nicht fest, wenn es nicht klappt.
Sollte dein Hund unaufmerksam werden und Zug auf die Leine kommen, dann bleib stehen, locke deinen Hund wieder zu dir, atme einmal durch und starte erneut.
Wenn du dir unsicher bist, wie eindeutig deine Körpersprache ist, ist diese Übung hervorragend geeignet, um sie mit einem anderen Menschen zu üben.

Klappen diese ersten kleinen Schritte gut, dann steigerst du langsam den Schwierigkeitsgrad. Gehe mehrere Schritte bis zum nächsten Stehenbleiben. Baue einen Richtungswechsel ohne Stopp ein. Oder steigere langsam die Ablenkung. Achtung! Verändere immer nur einen Teil des Schwierigkeitsgrades, nicht alle auf einmal.
Je weniger Richtungswechsel und Stopps du einbaust, desto schwieriger wird es. So kommst du also Schritt für Schritt mit dieser Übung dahin, dass du gemeinsam mit deinem Hund mehrere Meter am Stück geradeaus gehen kannst, ohne dass die Leine auf Spannung kommt.
Wenn du diese Übung gerne im Video sehen möchtest, findest du einen Link dazu am Ende des Buches.

Übung 2: Orientierung auf größere Distanz (hilfreich für Leine und Freilauf)

Bei dieser Übung brauchst du eine etwas längere Leine, ungefähr 5 Meter sind ideal. Gehe mit deinem Hund auf eine größere Fläche, also eine Wiese oder ein Waldstück. Starte zunächst mit Flächen, die für deinen Hund einfacher sind und auf denen wenige Ablenkungen deinen Hund irritieren können.
Leine deinen Hund an und gehe los. Du solltest dabei zielstrebig, aber nicht schnell laufen. Deine Schultern, Fußspitzen sind in die Richtung gerichtet, in die du gehen willst. Deinem Hund

ist die Aufgabe überlassen, nach dir zu schauen und mit dir mitzugehen.
Kommt die Leine auf Spannung, während dein Hund in deinem Rücken ist, bleibst du stehen, drehst dich aber nicht um, sondern richtest deine Aufmerksamkeit weiter dorthin, wo du hin möchtest.
Überholt er dich und die Leine kommt nach vorne auf Spannung, bleibst du wiederum stehen, drehst dich in eine neue Richtung und wartest.
Sobald die Spannung sich lockert und dein Hund in deine Richtung läuft, gehst du weiter.
Hin und wieder änderst du die Richtung und bist dabei immer sehr deutlich in deiner Körpersprache. Stell dir vor auf deinem Kopf, in deinen Schultern und den Fußspitzen sind Scheinwerfer und alle zeigen genau dahin, wo du hingehen möchtest.

Das Ziel ist, dass dein Hund lernt, dass er auch dafür verantwortlich ist, nach dir zu schauen und sich an dir zu orientieren. Nach und nach kannst du den Schwierigkeitsgrad erhöhen. Zum Beispiel ein anderes Umfeld wählen mit etwas mehr Ablenkung, oder im Wald die Bäume als Hindernisse nutzen.

Auch zu dieser Übung findest du einen Videolink am Ende des Buches.

Mit diesen ersten beiden Übungen legst du die Basis dafür, dass die nächsten beiden Übungen auf einem guten Fundament stehen. Du lernst damit, deine Körpersprache so einzusetzen, dass dein Hund versteht, was gemeint ist und du die Leine nicht brauchst, um deinen Hund zu führen. In den nächsten beiden Übungen geht es dann noch mehr ins Detail. In Übung 3 zeigst du deinem Hund noch viel deutlicher, was das mit der Leine soll. Und in Übung 4 erkläre ich dir, was du tun kannst, wenn doch mal Spannung aufkommt.

Übung 3: Großes Lob für das Einhalten des Leinenradius

Diese Übung wird dir durch die beiden vorhergehenden kinderleicht vorkommen. Sollte sie sehr schwer erscheinen und nicht klappen wollen, dann gehe einen Schritt zurück und konzentriere dich zunächst auf Übung 1 und 2.

Leine deinen Hund an einer ungefähr 3 Meter langen Leine an („Leinenführigkeitsposition“) und gehe in entspanntem Tempo mit ihm einen Weg entlang. Er darf schnüffeln und die Welt anschauen, alles ist erlaubt. Du möchtest keinen Hund, der dich die ganze Zeit anschaut und dabei seine Umgebung nicht mehr wahrnimmt.

Jedes Mal, wenn dein Hund den Radius der Leine entspannt einhält, lobst du ihn genau in dem Moment. Erinnere dich an das Kapitel zur Belohnung - der Hund entscheidet, was für ihn eine Belohnung ist.

In diesem Fall bietet sich Futter oder Stimmlob an.

Achte darauf, verschiedene Laufpositionen deines Hundes zu belohnen. Also wechsle ab zwischen: Der Hund läuft etwas vor dir, etwas hinter dir oder neben dir. Hier ist erst einmal jede Position erlaubt, solange die Leine locker bleibt.

Ein Stolperstein ist, dass nur die Position direkt neben dem Menschen betätigt wird und der Hund sich dann dadurch nur dort aufhält. Dadurch wird versehentlich das Signal „Fuß“ aufgebaut, aber die eigentliche Leinenführigkeit kommt nicht zustande.

Baue auch hier immer wieder Richtungswechsel ein.

Wenn dein Hund sehr schnell ist und häufig vorne in der Leine zieht, dann kannst du einen Keks zu Boden werfen und selbst weitergehen. Wenn er aufholt, gibt es zwangsläufig Momente, in denen die Leine durchhängt. Diese kannst du nutzen, um gleich wieder zu belohnen. So wird dein Hund verstehen, was gemeint ist.

Achte auch bei dieser Übung, wie bei allen anderen darauf, dass die Übungseinheiten kurz sind und die Schwierigkeit der Umgebung gut für deinen Hund zu bewältigen ist.

Übung 4: Komm zurück, wenn die Leine straff ist

In dieser letzten Übung geht es darum, was du tun kannst, wenn der Hund zieht.
Bevor ich die Übung erkläre, vorab ein Hinweis dazu! Wenn du die Übung häufig hintereinander brauchst, dann stimmt etwas in der Vorbereitung nicht, oder der Hund ist in dem Moment nicht in der Lage, deine Anforderungen umzusetzen. Spätestens nach dem 5. Mal in kurzer Folge, hinterfrage dich, ob der Hund gerade in der Lage ist, etwas zu lernen, oder ob der Moment einfach nicht passt.
Sollte das so sein, dann brich ab, lass den Hund kurz ein Signal ausführen, was er gerne mag und auf jeden Fall kann und leine ihn dann im „Freizeitmodus“ an. Es ist viel sinnvoller, in so einem Moment selbst kurz durchzuatmen und die Übung dann später weiterzuführen, wenn der Hund wieder lernen kann.

Die Übung: Wenn dein Hund an der Leine zieht und Spannung aufkommt, bleibst du stehen, sprichst deinen Hund an und lädst ihn körpersprachlich ein, zu dir zurückzukommen. Ist er bei dir, bleibt ihr gemeinsam einige Sekunden stehen (etwa solange wie du für zweimal tiefes Ein- und Ausatmen brauchst!) und geht erst dann langsam weiter - du achtest dabei auf eine eindeutige Körpersprache. Das ist wichtig. Diese kurze Denkpause braucht dein Hund. Gehst du anschließend gleich schnell weiter, entwickelt sich ein meist anstrengender Jo-Jo-Effekt: Du holst den Hund zu dir, ihr lauft weiter, der Hund erreicht das Ende der Leine und du holst ihn wieder zu dir und so weiter.

Wenn es diese Momente in eurem Alltag häufiger dann gibt, wenn der Hund zu einer bestimmten Stelle möchte, dann kannst du das als Trockenübung einbauen. Stelle entweder in der Wohnung, im Garten oder an einem ruhigen Ort draußen eine Schüssel mit etwas Tollem zum Fressen (oder etwas anderes, was dein Hund unbedingt haben möchte) auf den Boden. Dein Hund ist in einigen Metern angeleint, sodass er nicht hinkommt. Du gehst zu deinem Hund zurück, nimmst die Leine und ihr bewegt euch beide in Richtung des Ziels. Erreicht dein Hund das Ende der Leine, holst du ihn zu dir zurück, wartest, bis er ruhig neben dir sitzt und wenn er dich anschaut, geht ihr gemeinsam einen Schritt weiter. Führe ihn dabei deutlich körpersprachlich, damit er nicht gleich wieder losschießt. Immer wenn der Hund das Ende der Leine erreicht, wiederholst du den Ablauf. So lernt er, dass er dann zu seinem Ziel kommt, wenn er mit dir zusammenarbeitet.

Aufgepasst beim An- und Ableinen

Auch auf das An-und Ableinen möchte ich noch eingehen. Denn wie du hierbei vorgehst, beeinflusst auch, wie dein Hund an der Leine läuft (und sich vor dem Anleinen zurückrufen lässt), aber auch, wie er nach dem Ableinen in den Freilauf startet.

Für das Anleinen ist es wichtig, dass dein Hund damit nicht verbindet: „Oh, blöd. Wenn die Leine dran ist, dann hört der Spaß auf und mein Mensch ist mies drauf."
Wir Menschen neigen dazu, die Leine als letzten Ausweg zu sehen und den Hund mit einer doofen Stimmung zu uns zu rufen und dann genervt neben uns zu haben („Jetzt hast du es übertrieben, komm an die Leine"). Wenn das bei euch so ist, dann lohnt es sich, das Anleinen neu aufzubauen und mit einem Signal zu belegen. Anleinen bedeutet keine Veränderung der Situation, außer dass eine Leine dran ist.

Anleinen ist keine Strafe, sondern eine Hilfestellung

Achte hierbei auf deine Körpersprache und mach es deinem Hund so angenehm wie möglich, nah zu dir zu kommen und stehenzubleiben, während du die Leine einhängst.

Folgende Übung kannst du hierzu in euren Alltag einbauen. Führe deinen Hund mit deiner Hand (eventuell auch mit einem Leckerli) so, dass er quer vor dir steht, hocke dich dabei hin, damit du dich währenddessen nicht über den Hund beugen musst. Sage ein Signal zum Anleinen und hänge die Leine ein, während dein Hund das Leckerli fressen darf. So schlägst du zwei Fliegen mit einer Klappe: Dein Hund empfindet Anleinen als angenehm, du kündigst an, was kommt, dein Hund kann sich darauf einstellen und wird mit der Zeit das Signal gerne für dich ausführen, indem er sich bereits passend in Position bringt.

Beim Ableinen ist insbesondere für das Thema „Freilauf" jede Menge Fehlerpotential vorhanden. Für viele Hunde ist Ableinen gleichgesetzt mit Losrasen und richtig Aufdrehen. Das ist wenig hilfreich. Startet der Hund schon automatisch aufgeregt in den Freilauf, wird es schwieriger für ihn, mit dir in Kommunikation zu bleiben. Er wird dann schneller auf fremde Reize reagieren und du kannst ihn weniger lenken (zum Beispiel mit dem Rückruf).

Auch hier lohnt sich das Training des Ableinens, bei dem der Hund lernen soll, dass Ableinen nicht bedeutet „Juhu und im Vollspeed los", sondern lediglich „Okay, Leine ist ab, wir gehen gemütlich weiter und ich habe ein bisschen mehr Freiraum."
Der häufig verwendete Ablauf „Hinsetzen, Ableinen, auf Los geht's Los" ist für die meisten Hunde eher ein Garant für Explosion als für Entspannung.
Dieses Ritual sorgt oft dafür, dass sich schon beim Hinsetzen Anspannung im Hund ausbreitet, die nach der Freigabe dann in

einen schnellen Sprint umgewandelt wird. Auch wenn die Übung dazu gedacht ist, Ruhe in den Moment zu bringen, wirkt sie doch meist eher wie das „Ready, set, go“ vor dem Hürdenlauf.
Erfahrungsgemäß klappt ein entspannter Übergang in den Freilauf dann besser, wenn daraus keine große Aktion gemacht wird.

Leine deinen Hund dazu ohne große Aufregung ab und laufe im Trödeltempo los und beobachte dabei, wie dein Hund sich verhält. Für manche Hunde reicht dieses Vorgehen schon, um auch den weiteren Weg gemütlich weiterzugehen. Manche fahren dennoch im Erregungslevel höher.
Hier hilft es dann vor dem Losgehen und auch in den ersten Metern des Laufens das ein oder andere Leckerli fallen zu lassen, damit es sich für den Hund lohnt, nach dem Ableinen noch einige Momente in deiner Nähe zu bleiben und erst allmählich den Radius zu vergrößern.
Hat dein Hund bereits gelernt, nach dem Ableinen sofort durchzustarten, kannst du mit folgender Übung ein neues Ritual aufbauen, um das Ableinen von seiner Funktion als „Startsignal“ zu entbinden.
Hierzu leinst du deinen Hund an zwei Karabinern oder zwei Leinen an. Leine einen Karabiner ab und lobe den Hund, wenn er ruhig bei dir bleibt. Selbst wenn er es nicht tut, kann er sich durch die zweite Leine nicht im Freilauf selbst belohnen. Damit lösen wir die erste Aufregungsverknüpfung auf. Danach machst du weiter wie oben beschrieben.

Mit einem entspannten Übergang von Leine zu Freilauf und umgekehrt, kannst du deinen Hund in seinem entspannten Spaziergang gut unterstützen.

11) Medical Training -weniger Stress im Ernstfall

Medical Training meint die Vorbereitung auf medizinische Untersuchungen, Behandlungen oder auch alltägliche Gesundheitsroutinen wie Krallen schneiden, Zähne putzen, Ohren säubern und alles, was im Hundeleben so anfallen kann.
Je besser dein Hund auf solche Momente vorbereitet ist, desto weniger schwierig und stressig werden sie werden.
Kennt der Hund zum Beispiel gar nicht, dass er auf einem Tisch auch mal festgehalten wird und jemand seine Pfote festhält, ohne dass ihm etwas Schlimmes passiert, kann es sein, dass er beim Tierarzt, wenn das notwendig wird, so viel Angst bekommt, das das Erlebnis traumatisch für ihn wird.
Solche Erfahrungen sind absolut unnötig, denn du kannst deinen Hund wunderbar darauf vorbereiten. Dein Tierarzt wird es dir danken, denn auch er hat es lieber, wenn seine Patienten entspannt sind; das erleichtert auch ihm bzw. ihr die Arbeit enorm.

Was kannst du also tun?
Ich habe im ersten Teil des Buches bereits angesprochen, dass es sinnvoll ist, mit dem Welpen einen ersten Tierarztbesuch ohne jegliche Behandlung zu gestalten. Ganz entspannt die Praxis und den Arzt kennenlernen. Vielleicht mal auf den Tisch hüpfen und einen Keks bekommen. Die Waage erkunden und alles, was sonst noch spannend ist. Dieser erste Besuch darf einfach toll sein für deinen Hund. Bei dieser Gelegenheit kannst du mit dem Arzt auch besprechen, was die Dinge sind, die er bei einer Standarduntersuchung durchführt. Die kannst du dann zu Hause üben.

Übe zunächst am Boden, deinen Hund überall am Körper anzufassen. Geh dabei langsam und nicht hektisch vor, atme entspannt weiter. Für deinen Hund kann sich das wie eine außergewöhnliche Massage anfühlen. Übe dabei, einzelne Körperteile auch etwas genauer zu betrachten. Nimm zum Beispiel eine Pfote hoch und fahre mit dem Finger zwischen die Zehen, schau dir die Krallen an und halte die Pfote einige Sekunden fest. Lobe deinen Hund dabei immer wieder (Stimmlob, Leckerli, ...). Übe das auch mit einer zweiten Person: Einer hält den Hund leicht in Position, der andere nimmt die Pfote.
Dasselbe kannst du mit den Ohren und der Rute machen, und auch mit dem Maul. Schau dir die Zähne an, indem du die Lefzen nach oben schiebst und öffne dann auch das Maul, um in den Rachen zu schauen. Gehe bei allen Schritten immer so vor, dass es für deinen Hund nicht unangenehm wird und lobe ihn zwischendurch immer wieder.
Auch das Abhören mit dem Stethoskop kannst du nachstellen. Alle klassischen Handgriffe zur Grunduntersuchung ergeben für den Anfang Sinn.

Zerlege die Handlungen in kleine Schritte und gehe langsam vor, damit er lernen kann, dass diese Dinge nicht schlimm sind. Lobe ihn nach jedem Teilschritt immer wieder, damit er diese Handlungen positiv verknüpft.

Wenn du ein Körperteil entspannt berühren kannst, ohne dass der Hund Stressanzeichen zeigt, dann kannst du benennen, was du tust. Also zum Beispiel: Ohr für „Ich fasse gleich dein Ohr an.“ So lernt dein Hund genau zu erkennen, was als nächstes kommt und kann sich darauf einstellen.

Klappt das Vorgehen auf dem sicheren Boden gut, kannst du den Hund auch daran gewöhnen, auf einem Tisch zu sitzen. Es braucht nicht der des Tierarztes zu sein. Allein die erhöhte Position macht vielen Hund Angst. Bereitest du deinen Hund darauf vor, ist es nicht mehr schlimm. Starte hier zunächst mit dem bloßen Hochheben und lass den Welpen auf dem Tisch sitzen bleiben oder stehen, wie er möchte. Und wenn er sich dort oben sicherer fühlt, beginnst du, kleine Teile der Untersuchungsübungen einfließen zu lassen.

So vorbereitet, wird dein Hund die Untersuchungen viel angenehmer erleben und auch für dich und das Praxisteam wird das Leben entspannter.

12) Nein - Stopp - Lass das

Mein Name ist „Nein". Manche Kleinkinder und Hunde könnten das wohl glauben, denn es scheint, als wäre das eines der häufigsten Wörter, die sie zu hören bekommen.
In diesem Abschnitt möchte ich dir beschreiben, wie du deinem Hund die Bedeutung deines „Stopp-Signals" beibringen kannst. Denn häufig verwenden wir Menschen einfach ein „Nein" oder „Aus" (oder welches Wort dir in diesen Momenten schnell über die Lippen kommt), ohne dem Hund beigebracht zu haben, was er dann tun soll. Du weißt jetzt schon, dass Hunde super gut darin sind, zu erraten, was wir wollen, aber sie kommen nicht mit einem eingebauten Wörterbuch auf die Welt. Mach es dir und deinem Hund leichter und erkläre ihm die Bedeutung deiner Worte!

Bevor wir aber zu dem Teil kommen, wie du deinem Hund ein solches Signal beibringen kannst, ist mir eines besonders wichtig. Ja - es ist wichtig, dass ein Hund auch Grenzen lernt, es ist wichtig, dass er lernt, diese zu akzeptieren. Aber - es ist auch wichtig, dass eure Kommunikation über den Tag verteilt nicht ausschließlich aus Verboten und Unmutsäußerungen deinerseits besteht. Es lohnt sich also vorausschauende Vorkehrungen zu treffen, damit der Hund in dieser Phase des Lebens gar nicht erst alle Fehler machen kann, die im Alltag so lauern. Es lohnt sich, die unteren Reihen des Bücherregals für den Hund unerreichbar zu machen. Es lohnt sich, den teuersten Teppich und die geerbte Vase von Oma Greta vor Einzug des Welpen erst einmal wegzustellen.
Die Phasen, in denen der Hund alles anknabbern möchte und auch mal ein Malheur auf dem Teppich passieren kann, gehen vorbei. Und dann ist es viel schöner, wenn man den Hund in dieser Zeit nicht ständig mit Argusaugen beobachten muss, weil er etwas Wertvolles kaputt machen könnte.

„Hör auf mit dem, was du tust“ - So bringst du es deinem Hund bei

Wenn es darum geht, dem Hund ein neues Signal beizubringen, folgst du wieder den 3 Schritten aus dem Kapitel über das Lernverhalten deines Hundes.

Schritt 1: Lege fest, was dein Hund tun soll und überlege dir, wie das Signal heißt.

Dabei gilt auch hier - lass das Wort etwas sein, was du im Alltag nicht verwendest. „Nein“ und „Aus“ sind völlig ungeeignet, denn sie kommen in unserer Sprache viel zu oft vor, als das der Hund es leicht hätte herauszufinden, welches Wort für ihn gedacht ist. Für mich funktionieren an der Stelle kurze Geräusche wie „ey“, „ahah“ oder „na!“ recht gut; du kannst auch alles andere verwenden. Hauptsache, du kannst es kurz und leicht aussprechen und es kommt in deinem Sprachgebrauch selten vor.

Was der Hund tun soll, ist in dem Fall: „Hör auf mit dem (egal was), was du gerade tust.“

Schritt 2: Bringe dem Hund bei, was das Signal bedeutet.

Setz dich vor deinen Hund, lege ein Leckerli in die nach oben zeigende Handfläche. Erlaube deinem Hund mit dem Signal „Nimm's“ (oder ähnlich), sich das Leckerli zu holen. Lege ein weiteres Leckerli auf die Handfläche und wiederhole den Ablauf weitere zwei bis vier Mal.

Nun etablierst du dein Stopp-Signal. Für die Beschreibung nutze ich mein Signal „ey“. Du nimmst das, was du dir gerade überlegt hast. Halte das Leckerli wie eben beschrieben in offener Handfläche neben dir. Gib KEINE Aufforderung für „Nimm's“. Wenn dein Hund sich in Richtung Leckerli bewegt, schließe schnell deine Hand und sage gleichzeitig „ey“. Versucht dein Hund weiter an das Leckerli zu kommen, lass ihn nicht heran. Nimmt er sich zurück, hält etwas Abstand und wendet den Blick ab, öffnest du die Hand wieder. Dein Hund geht wieder hin, du sagst „ey“ und schließt die Hand. Das Ziel ist erreicht, wenn der Hund sich auf dein „ey“ hin, zurücknimmt, den Blick abwendet oder ganz weggeht. Nun kannst du mit einem „Nimm's“ ein Leckerli als Belohnung verteilen und die Übung ist beendet.

Dieser Schritt braucht bei den meisten Hunden lediglich 1-2 Wiederholungen, wenn du dich konzentrierst und die Übung wie beschrieben aufbaust.

Schritt 3: Baue das Signal im Alltag ein (von leicht nach schwer)
Wenn dein Hund nun etwas tut, was er nicht darf, wendest du das Signal an. Hierbei ist wichtig, dass du in der ersten Zeit ALLES direkt vor Ort klärst. Damit meine ich, dass du zum Hund hingehst und ihm dort erklärst, was er lassen soll und das Signal nicht aus der Entfernung reinrufst.
Knabbert dein Hund beispielsweise an einem Stuhlbein, gehst du ruhig und bestimmt hin, hälst deine Hand zwischen Hund und Stuhl und gibst dein Stoppsignal. Achte dabei darauf, dass die Hand den Hund weder schubst noch grob berührt; sie soll keine Strafe sein, sondern eine Hilfe für den Hund, sich auf dich zu konzentrieren. Ziehe die Hand nicht gleich wieder weg, sondern lass sie an der Stelle, wo sie ist, bis der Hund aufgehört hat, das Stuhlbein zu beknabbern und sich abgewendet hat. Bewegt sich deine Hand schnell auf den Hund zu und wieder weg, könnte er das als Spielaufforderung sehen, was du aus zwei Gründen nicht möchtest. Erstens: Der Hund könnte es als Belohnung für das Knabbern verstehen. Zweitens: Die Aufregung durch die unbeabsichtigte Spielaufforderung könnte dazu führen, dass der Hund seiner Erregung in Anknabbern von neuen Dingen Luft machen möchte.

Wichtig bei solchen Korrekturen ist (wie immer) auch deine Stimmung und innere Haltung. Bist du selbst völlig außer dir und hektisch, wird es deinem Welpen schwerfallen, sein Verhalten zu stoppen und anschließend eine ruhige, neue Beschäftigung zu finden. Atme daher vorher einmal durch und kläre diese kleine Situation ruhig und bestimmt wie ein sehr souveräner Chef. Bleibe mit deiner ruhigen Energie und der Bestimmtheit solange dabei, bis dein Welpe mit der Handlung aufgehört hat und sich ruhig verhält. Häufig gehen wir Menschen zu schnell aus solchen Situationen raus, der Welpe ist noch aufgeregt und kommt daher gleich wieder in ein unerwünschtes Verhalten rein. Hilfreich ist auch, dem Hund nach der Korrektur durch das Stopp-Signal eine alternative Beschäftigung zu geben. Das kann entweder sein, dass du ihm etwas zum Knabbern gibst, das er haben darf, oder ihm eine Pause zum Ausschlafen verordnest.

Fühlst du dich dazu gerade nicht in der Lage, ruhig und bestimmt vorzugehen, dann stoppe den Welpen kurz und knapp und gib ihn in seiner Ruhezone die Chance runterzufahren, ohne die Gefahr, dass er sich gleich das nächste lustige Spiel ausdenkt.

Auch hier gilt wieder: Wenn du das Stoppsignal häufig hintereinander brauchst, dann könnte es sein, dass der Hund in diesem Moment „über die Uhr gedreht“ ist und dringend eine Pause braucht. In übermüdetem Zustand über Verhaltensregeln zu diskutieren, ergibt nicht viel Sinn. Hier ist dann Entspannung für den Hund angesagt.

13) Orale Phase - Giftköder-Prävention

- „Lass es liegen“ und „Lass los“ lernen -

Es gibt diese Phase, in der Kleinkinder alles in den Mund nehmen, um es zu erforschen. Das Ertasten mit den Lippen, den wenigen bereits vorhandenen Zähnen und der Zunge ist ein wichtiger Entwicklungsschritt. Bei Kindern ist uns das bewusst und wir wissen: Es kommt allein, es geht allein.
Dass es die orale Phase auch bei Hundekindern gibt, wissen viele Menschen nicht. Wenn der Welpe ständig alles ins Maul nimmt und vom Boden aufhebt, werden viele Menschen hektisch. „Lass das, spuck es aus, das ist ein ekliges Taschentuch!“, „Gib den Tannenzapfen her, den kannst du nicht fressen!“ Egal ob Taschentücher, Tannenzapfen, Zigarettenstummel, Steine, Tierkot, Menschenkot, Vogelfutter, tote Frösche, ...die Liste ist lang und reicht von gar nicht eklig bis zu wahnsinnig eklig. Ich verstehe, dass da an manchen Stellen die Gefühle wirklich nicht entspannt bleiben.
Und dann ist da noch das Schreckgespenst „Giftköder“, das über deinem Kopf schwebt. Der Hund soll auf jeden Fall lernen, dass er draußen nichts vom Boden fressen darf, damit er nicht Gefahr läuft, irgendwann so einen Köder zu schlucken. Du meinst es gut, auf jeden Fall.
Deswegen möchtest du dem Hund von Beginn an beibringen, draußen nichts aufzunehmen. Verständlich!
Allerdings ist der Weg, den wir Menschen dann intuitiv gehen, nicht der, der an unser Ziel führt.
Wir versuchen dem Hund seine Errungenschaft wegzunehmen, werden vielleicht sogar hektisch, laufen schnell zum Hund hin, um sie ihm wegzunehmen. Die menschliche Idee ist: „Mein Hund soll lernen, dass er nichts vom Boden aufnehmen darf. Was beim Welpen ankommt, ist: „Oh wow, mein Mensch findet das offenbar total interessant! Es ist wichtig für ihn. Das wird

ein lustiges Spiel. Wenn ich das nächste Mal etwas finde, machen wir das nochmal.“ Oder aber: „Wenn mein Mensch kommt, nimmt er mir weg, was ich habe. Beim nächsten Mal muss ich schneller sein, damit er es nicht bekommt.“
Und glaub mir - dein Hund wird Strategien entwickeln, mit denen er schneller ist! Ganz schön doof gelaufen, dafür, dass diese orale Phase ohne unseren Einfluss wieder von allein vergeht.

Das fälschlich angewöhnte Verhalten später wieder abzutrainieren, wird dann im mühsamen „Anti-Gift-Köder-Training“ versucht. Oftmals dadurch, dass der Hund lernt, Fressbares draußen anzuzeigen, statt gleich zu schlucken. Das ist sicher ein guter Kompromiss für diese Situation, wird aber gar nicht nötig, wenn du einige Dinge im Welpen- und Junghundalter beachtest.

Es ist nicht wichtig - lass uns weiter gehen.

Vor jedem Training kannst du mit deinem Verhalten in dieser Zeit die Grundlagen dafür legen, dass dein Hund Fressbares draußen nicht mehr als relevant empfindet.
Dein Hund orientiert sich an dir! Wenn du einer Situation oder einem Objekt Bedeutung beimisst, dann wird er es auch tun. Bedeutung bekommt alles, was deine Aufmerksamkeit hat. Wenn du erreichen möchtest, dass dein Hund herumliegende fressbare Dinge als nicht wichtig empfindet, dann schenke ihnen keine Aufmerksamkeit. Wenn er mit einem Tannenzapfen spielt, dann lass ihn spielen, interessiere dich nicht dafür und geh weiter. Wenn er ein Taschentusch oder einen zermatschten Frosch gefunden hat und darauf herumkaut, geh kommentarlos weiter. Wenn er einen Haufen Pferdeäpfel gefunden hat und sich daran ausprobiert, geh weiter! (Es gibt Hunde mit bestimmten genetischen Dispositionen, die mit eventuellen Wurmkurrückständen in Pferdeäpfel ernsthafte Probleme bekommen können. Wenn dein Hund dazu zählt, dann gilt das in dem Fall

natürlich nicht für dich. Welche Hunde das sein können, dazu findest du weiterführende Informationen am Ende des Buches.) Denk immer daran - es ist eine Phase, sie geht vorbei. Greife nur dann ein, wenn Gefahr für den Hund besteht. Und selbstverständlich handelst du wie immer vorausschauend und lässt den Welpen nicht unbedingt auf einer beliebten Wiese im Park frei laufen, wenn dort überall die Rückstände des letzten Grillabends verteilt sind.

Je nachdem, wie weit dein Hund bereits den Rückruf kennt oder andere Signale wie „Weitergehen“ ausführen kann, kannst du ihm natürlich in dem Moment auch sagen, dass er sich wieder von seiner Errungenschaft abwenden soll. Es ist auch in Ordnung, wenn du diese Signale dann durchsetzt, sollte der Welpe nicht reagieren. Wichtig dabei ist – das, was er gefunden hat und ins Maul nimmt, ist dir völlig egal.

„Lass es los“ lernen - Egal was du hast, lass es fallen und wir tauschen

Ab dem ersten Tag kannst du immer dann, wenn es sich anbietet, mit deinem Hund „Tauschen“ üben. Mit dieser Übung lernt der Hund auf das Signal hin, sofort das Maul zu öffnen und das, was er hat, fallen zu lassen. Hunde, die dieses Verhalten so lernen, wie ich es dir gleich erkläre, reagieren reflexartig darauf und so kannst du später entspannt sein, weil du weißt, dass dein Hund dir alles gibt, was er hat, wenn du es haben möchtest.

Schritt 1: Gib deinem Hund etwas, was er zwar spannend findet, was im Gegensatz zu Futter oder einem Spielzeug aber wenig wichtig ist. Nehmen wir an, er hat eine Socke im Maul. Halte ihm die Belohnung für das Tauschen (Spielzeug oder Futter) hin und sage in dem Moment, wo er das Maul aufmacht, dein Signal („Tauschen“, „Zeig mal“, „Drop it“, „Gib her“, ...).

Wiederhole diesen Schritt einige Male über mehrere Tage verteilt immer dann, wenn dein Hund etwas mäßig Interessantes hat. Tausche anfangs immer mit etwas von höherem Wert als seiner „Beute“.

Schritt 2: Sage dein Signal (während du weiterhin direkt in der Nähe des Hundes bist) erst, warte bis dein Hund das Maul öffnet und zeige ihm erst dann dein „Tauschobjekt“. Wiederhole auch diesen Schritt mehrere Male.

Schritt 3: Sag dein Signal aus einer kleinen Entfernung, gehe dann zum Hund hin, um ihm dein Tauschobjekt zu geben.

Tausche ALLES, was dein Hund anbringt. Auch wenn er mal eine ausgebuddelte Blume aus dem Garten bringt, tausche sie und freu dich darüber. Das Tauschen-Signal kann lebenswichtig sein; die Erklärung, dass Blumen nicht ausgebuddelt werden sollten, kannst du später anbringen.

Gib dem Hund, wann immer es möglich ist, seine ursprüngliche Beute auch wieder zurück. Vermeide, dass dein Hund das Tauschen damit verbindet, dass er etwas abgeben muss. Nimm ihm Dinge nur dann endgültig weg, wenn es wirklich wichtig ist. So lernt er: „Super, ich lasse kurz los, was ich habe, bekomme etwas Tolles dazu und habe trotzdem noch meine Beute. Es ist gut, wenn mein Mensch in dieser Situation dazukommt.“ Würdest du ihm nach dem Tauschen seine Beute immer wegnehmen, würde er später anfangen, den Wert der Beute mit der möglichen Belohnung zu vergleichen. Die normalen Trainingsleckerli werden diesen Vergleich verlieren, wenn etwas wirklich Leckeres draußen herumliegt. Deswegen möchtest du nicht, dass dieser Vergleich startet.

So vorbereitet, musst du dir keine Sorgen um Giftköder oder ähnliche Themen machen. Dein Hund wird kein Staubsauger werden (weil du den Dingen keinen Wert beimisst) und wenn er doch mal etwas aufnimmt, kannst du ihm sagen, es fallen zu lassen.

Sollte dein Hund wie verrückt alles Mögliche draußen fressen und sogar danach suchen, kann es auch sein, dass in seiner Ernährung Elemente fehlen, die er sich dadurch ergänzen möchte. In so einem Fall hilft Training recht wenig, wenn die Ursache in der Ernährung nicht behoben wird. Solch eine Problemanalyse darf immer mehrere Aspekte berücksichtigen.

14) Rückruf

Dass dein Hund zu dir zurückkommt, wenn du ihn rufst, ist eines der wichtigsten Signale, die er in seinem Leben lernen sollte. Zu seiner eigenen Sicherheit und auch zur Sicherheit anderer Hunde, aller Verkehrsteilnehmer und aller anderen Tiere ist essentiell, dass der Rückruf funktioniert.

Für den ersten Schritt ist auch hier wieder wichtig, dass du dir klarmachst, was dein Signal sein soll und was es bedeutet.
Für den Alltag hat sich bewährt, dass der Hund bis zu dir zurückkommt und eine bestimmte Handlung ausführt, die das Ende markiert. Das kann zum Beispiel sein, dass dein Hund dich am Bein oder an der Hand anstupst.
Dieses spezielle Ziel als klarer Endpunkt ist insbesondere für uns Menschen hilfreich, damit wir klar in unserer Kommunikation bleiben. Sonst passiert es schnell, dass sich die Anforderungen immer wieder ändern. Oft passiert Folgendes: Wenn es dem Menschen nicht so wichtig ist, dann reicht es, wenn der Hund in 2 Meter Entfernung stehen bleibt. Aber in einer schwierigen Situation, wo vielleicht etwas Stress aufgekommen ist, soll der Hund dann plötzlich ganz nah rankommen und still stehen bleiben. Woher soll er wissen, wann was gemeint ist?
Nachdem du für dich klar definiert hast, was der Rückruf für euch bedeutet, überlegst du dir noch ein Signal dazu (sowohl Wortsignal als auch Handzeichen).
Bei mir ist das Handzeichen meine herunterhängende, winkende Hand, die meine Hündin berühren soll, damit das Signal als ausgeführt gilt. Unser Wortsignal ist „Schau mal her“.
Achtung, hier gilt ganz besonders der Grundsatz: Der Name deines Hundes ist sein Name und enthält keine Information darüber, was er tun soll.

Auf Hundewiesen lässt sich ständig der folgende Ablauf beobachten:
Hundehalter ruft: „Lilly!"
Hund - keine Reaktion.
„Liiiiilly!"
Hund schaut Mensch an, es folgt keine weitere Information, Hund macht weiter mit vorheriger Beschäftigung.
„Liiiiilllyyyy! Also wirklich - JETZ KOMM!"
Hund dreht auf dem Absatz um und rennt zum Menschen zurück.

Der Mensch denkt: Die ist aber auch stur. Immer muss ich drei Mal rufen, bis es klappt. Dabei hat er dem Hund erst beim dritten Mal gesagt, was er tun soll.

Stell dir vor, jemand sagt deinen Namen (und nichts weiter) dreimal hintereinander, du schaust ihn an und er wird immer genervter, weil du nicht tust, was er von dir will. Dann dreht er sich um und sagt: „Ja toll, jetzt brauch ich deine Hilfe auch nicht mehr." Vielleicht hättest du aus dem Kontext erraten können, was gemeint ist. Aber du wirst es erst wissen, wenn der Mensch es dir sagt. So geht es deinem Hund auch.

Für deinen Rückruf heißt das: Name deines Hundes + Wortsignal/Sichtzeichen ist eindeutig bemerkbar und wird dazu führen, dass dein Hund dich verstehen kann.

Hast du diese Dinge definiert, dann beginnst du damit, deinem Hund das Signal beizubringen.
Im ersten Schritt erklärst du ihm zunächst, was er tun soll und was das Signal bedeutet.
In meinem Fall ist es die winkende Hand. Hier halte ich anfangs ein Leckerli in den Fingern und winke mit der Hand, während mein Hund fast direkt vor mir steht. Während der Hund sich das

Leckerli abholt, berührt er automatisch mit der Nase meine Hand. Nach einigen Wiederholungen vergrößere ich die Distanz, winke erneut und der Hund kann sich den Keks abholen. Dann habe ich keinen Keks in der Hand und winke, der Hund berührt meine Hand und ich gebe ihm das Leckerli direkt anschließend. Klappt das gut auf ca. 5 Metern Distanz mit geringer Ablenkung, führe ich das Wortsignal ein.
Hierzu warte ich, bis der Hund kurz vor meiner Hand ist und sage dann: „Schau mal her." (Du nimmst, was auch immer dein Rückrufsignal ist.) Von Mal zu Mal, sage ich das Signal früher, bis das Signal irgendwann vor dem Zurückkommen steht und der Auslöser für die Handlung wird.

Kann dein Hund diesen Ablauf im Bereich von 10 Metern ohne Ablenkung in 9 von 10 Fällen fehlerfrei umsetzen, beginnst du das Training langsam zu steigern.
Rufe ihn bei kleinen Ablenkungen zu dir, dann steigere die Anforderung langsam bis hin zur Höchstschwierigkeit für deinen Hund. (Über Wochen hinweg. Wenn du jeden zweiten Tag übst - mehr nicht, Pausen sind wichtig zum Verarbeiten - darf der Prozess gerne mehr als acht Wochen dauern.)
Achtung: Solange dein Hund nicht abrufbar ist, dann leine ihn in schwierigen Situationen nicht ab. Rufe nur dann, wenn du dir sicher bist, dass dein Hund das umsetzen kann. Rufst du ständig, während er noch gar nicht in der Lage ist, das Geforderte umzusetzen, dann übst du eher das „Nicht reagieren" als das, was du eigentlich möchtest.

Als letzter Teil des Rückruftrainings kannst du die Distanz stark vergrößern. Meistens üben wir den Rückruf im Radius von 10-100 Metern; für den Alltag reicht das völlig aus. Sollte dein Hund aber (aus verschiedenen Gründen) einmal in weiterer Distanz sein, kann es sein, dass er den Rückruf nicht erkennt, weil sich das Signal aus der Distanz völlig anders anhört. Das kannst du vorher üben, indem du einen Helfer den Hund halten lässt und in Sichtweite auf große Distanz (200m, 300m, 400m, ...) weggehst und den Hund dann rufst.

Wenn du den Rückruf so aufbaust, kannst du dir sicher sein, dass dein Hund weiß, was er tun soll und auch grundsätzlich in der Lage ist, diese Anforderung umzusetzen.
Dennoch gibt es viele Gründe, warum dein Hund nicht zu dir kommt, wenn du ihn rufst. Auf zwei möchte ich hier näher eingehen. Die anderen 40 (die mir eingefallen sind), kannst du in einer Liste auf meinem Blog nachlesen. Den Link findest du, wie alle anderen wertvollen Ergänzungen, am Ende des Buches.

Grund Nummer 1: Du rufst deinen Hund immer nur dann, wenn etwas „passiert".
Hört dein Hund sein Rückrufsignal immer nur in den Momenten, wo andere spannende Reize auftreten, wie zum Beispiel andere Hunde kommen ins Sichtfeld oder Fahrradfahrer kommen vorbei, dann wird dein Hund zunehmend die Gegend „abchecken", bevor er zu dir kommt. Rufe ihn also auch dann hin und wieder, wenn es gerade keinen Auslöser gibt, der es unbedingt nötig macht.
Grund Nummer 2: Dein Hund ist zu aufgeregt.
Ist dein Hund draußen sehr hektisch unterwegs und rennt die ganze Zeit nur rum, dann sammelt er mit jedem Schritt neues Adrenalin. Sein Körper steht unter Strom und er rennt sich vielleicht immer mehr in einen Rausch. In so einem Zustand wirst du dir schwertun, in den Gedanken deines Hundes Raum einzunehmen; dein Signal dringt gar nicht zu ihm durch. Vermeiden kannst du das, indem eure Spaziergänge ruhig ablaufen und du den Hund gar nicht erst in so einen hektischen Zustand kommen lässt. Spielen und Rennen ist gut, ZU VIEL Spielen und Rennen ist weniger gut! Sorge dafür, dass dein Hund auch un-

terwegs genug Pausen bekommt und handle, BEVOR er so aufgedreht ist, dass kein Signal mehr bei ihm ankommt.

15) Ruhezone

Ein paar Schlafplätze für den Welpen in der Wohnung verteilt, überall ein gemütliches Plätzchen, das reicht doch aus, damit Hund sich entspannen kann. Das habe ich auch lange gedacht!

„Wenn er müde ist, wird er schon schlafen", höre ich immer wieder.

Schön wär's! Um ihr enorm hohes Ruhebedürfnis von 18-20 Stunden (bei einem Welpen eher 20-22 Stunden) am Tag zu erfüllen, braucht es für die meisten Hunde ein bisschen Hilfestellung. Manche Hundetypen nehmen sich ihre Pause von ganz alleine. Die sind allerdings eher die Ausnahme. Gehört dein Welpe zu einer Rasse, die auf starke Kooperation mit dem Menschen hin selektiert wurde, dann gehört er eher zu den Hunden, die das nicht von allein können. Diese Hunde schaffen es nicht, mitten im hektischen menschlichen Alltag von sich aus zur Ruhe zu kommen.

Diese Hunde werden mir dann im Training vorgestellt als: hyperaktiv, aufgedreht, „schwer auszulasten", immer in Aktion.

Zu Hause schlafen sie nicht, laufen ihren Menschen hinterher und schaffen meist nur dann ein Nickerchen tagsüber, wenn sich alle mucksmäuschenstill verhalten. Das ist für die Menschen und auch Hunde nervenaufreibend, denn wer unter Schlafmangel leidet, der wird reizbar, zappelig, unkonzentriert, ...Und so kommen mit dem Schlafmangel noch einige zusätzliche Probleme daher. Aggression gegenüber Menschen und Artgenossen, ständiges Bellen, Ziehen an der Leine – um nur einige zu nennen.

Die Ruhezone ist eines der wichtigsten Dinge, die Kunden und deren Hunde von mir lernen, die mit diesen Problemen zu mir kommen. Und daher ist es auch eines der wichtigsten Dinge, die du deinem Hund beibringen kannst. Ruhe ist Trumpf und um die zu unterstützen, kannst du eine Ruhezone für deinen Hund etablieren.

Deshalb geht es im Folgenden darum:

- welche Gestaltungsmöglichkeiten es für die Ruhezone gibt.
- den idealen Standort für die Ruhezone.
- welche Regeln für Mensch und Hund an diesem Ruheplatz gelten.
- wie der Hund lernt zu entspannen.
- wie der Ruheort in Training und Alltag eingesetzt werden kann.

Wie sieht die perfekte Ruhezone aus?

Die Beschaffenheit und der Standort einer idealen Ruhezone sind so vielfältig wie die Hunde selbst.
Viele Hunde profitieren davon, wenn sie an ihrem Rückzugsort zwar nah an der Familie dran sind, aber etwas abgeschirmt von den störenden Reizen in der Umgebung. Besonders höhlenartige Rückzugsorte schaffen ein Geborgenheitsgefühl, an dem sich der Hund wirklich entspannen kann. Das kann eine Liegedecke in der Zimmerecke zwischen zwei Sofateilen sein oder der Platz unter dem Tisch zusätzlich abgedunkelt mit einer Decke, oder ganz klassisch eine Hundebox.
Mitten im Raum ein Kissen hinzulegen, wäre für das Ziel, dem Hund einen Entspannungsort zu ermöglichen, eher ungeeignet.

Der Hund sollte bequem liegen können, ganz nach seinen Vorlieben. Hart oder fluffig weich, mit Rand oder ohne – wie beim Menschen sind die Liegepräferenzen ganz individuell. Die Liegefläche sollte groß genug sein, dass der Hund sich voll ausstrecken kann. Selbst wenn er meistens eingerollt liegt, ist die Möglichkeit, sich hin und wieder auszustrecken, doch wichtig. Gibt es eine Begrenzung nach oben, achte bitte zusätzlich darauf, dass dein Hund entspannt stehen kann, ohne „das Dach" mit dem Rücken zu berühren.

Meine Hündin hat eine faltbare Stoffbox mit einem für sie angenehmen Kissen drin. Die Box ist für uns super praktisch, denn wir können sie mit auf Reisen nehmen und so hat Alma ihren Rückzugsort immer dabei.
Anhand der Box kann ich wunderbar beschreiben, welche Eigenschaften mir für die Ruhezone besonders wichtig sind. So kannst auch du für deinen Hund den passenden Ort auswählen.

1. Variabel in der Gestaltung der verschiedenen Seitenwände - blickdicht oder offen (entweder ganz offen, nur Netz, oder mit Stoffbahn drüber).
   Variable Stellmöglichkeiten durch verschiedene Einstiege.
2. Faltbar & leicht: kann überall mit hin. So ist der Rückzugsort immer dabei, auch auf Reisen im Auto oder der Ferienwohnung.
3. Kann mit einfachen Mitteln und ein paar Handgriffen zusätzlich schallgeschützt werden.

Der ideale Standort für den Ruheplatz deines Hundes

Auch der Standort richtet sich vor allem nachdem, was dein Hund braucht und was in deiner Wohnsituation machbar ist. Der ruhigste Ort im Haus wäre vermutlich der Keller. Der ist allerdings wenig geeignet, um dem Hund dort eine Ruhezone einzurichten. Denn der Hund soll sich sehr gern dort aufhalten und dort später auch von alleine sein Ruhekonto auffüllen. Ist der Platz weit abseits des Familienlebens, wird er wahrscheinlich nur ungern dort sein.
Daher gilt es, einen Kompromiss zu finden zwischen dem ruhigsten Standort und dem Bedürfnis, nah bei der Familie zu sein.

Eine große Rolle spielt außerdem, welche Reize für den Hund besonders starke Ablenkung bedeuten. Reagiert der Hund stark darauf, wenn er bestimmte Dinge im Fernseher sieht? Dann ist der Standort (oder die Art der Ruhezone) so zu wählen, dass er keine direkte Sicht auf den Fernseher hat. Sind es die Vögel im Garten, die der Hund durch die Terrassentür beobachtet, dann sollte die Ruhezone den direkten Blick in den Garten vermeiden. Ist die größte Ablenkung, wenn die Menschen am Platz vorbeilaufen, dann wäre es gut, den Standort nicht dort zu wählen, wo häufig Familienmitglieder durchlaufen.

Auch das Wärmebedürfnis des Hundes sollte bei der Standortwahl berücksichtigt werden. Habe ich einen Hund, der liebend gern auf den Fliesen liegt und dem schnell warm wird, wäre ein Platz an der Heizung eher ungeeignet. Habe ich einen Kuschelfreak, der am liebsten zugedeckt schläft, dann kann die Nähe der Heizung durchaus attraktiv werden.

Egal, welcher Standort und ob es für euch auch eine Box wird, oder die Ruhezone für deinen Hund, eure Wohnsituation und eure Bedürfnisse anders passend aussieht – es gelten immer dieselben Regeln und das Training läuft gleich ab.

3 goldene Regeln für DIE Ruhezone deines Hundes

Damit der Rückzugsort vom Hund auch dauerhaft als solcher empfunden wird, ist es wichtig, die folgenden 3 Regeln wirklich ernst zu nehmen. Sonst macht man sich die Mühe und baut über Wochen ein angenehmes Gefühl auf, hat vielleicht die ersten Fortschritte und reißt sich den Erfolg mit ein/zwei unbedachten Momenten wieder ein. Die gute Nachricht ist: So schwer sind die Regeln gar nicht.

1. **Wenn der Hund sich in der Ruhezone befindet, wird er nicht gestört.**

Er wird nicht im Vorbeigehen gestreichelt, er wird nicht von da weggerufen. Insbesondere wenn Kinder im Haus sind, ist diese Regel ganz besonders auch für sie zu beachten.

2. **In der Ruhezone passieren ausschließlich ruhige und angenehme Dinge.** Wenn der Hund aufdreht, während er einen Kau-Snack verschlingt, passiert das nicht in der Ruhezone. Findet er Streicheln eher lästig als toll, dann wird er in diesem Bereich nicht gestreichelt.
3. **Auch wenn der Ruheplatz etabliert ist, wird der Hund ausschließlich freundlich eingeladen, dort hinzugehen.** Aus der Anspannung heraus ein „Jetzt geh auf deinen Platz!" anzuweisen, kann ich gut nachvollziehen. Und manchmal ist das sogar sinnvoll. Allerdings wird der Hund damit unter keinen Umständen in seine Ruhezone geschickt. Dazu hat er sicher noch genügend andere Liegeplätze, die dafür geeignet sind.

So verknüpft dein Welpe seinen (neuen) Platz mit Entspannung

Wenn es damit getan wäre, dem Hund einen Liegeplatz zur Verfügung zu stellen und darauf zu vertrauen, dass der Hund schon weiß, was damit gemeint ist, dann gäbe es diesen Abschnitt im Buch nicht.

Also – wie klappt das nun, dass der Welpe lernt, einen neuen Platz mit Entspannung zu verknüpfen? Und zwar so, dass dieser Platz später im Alltag und im Training aktiv eingesetzt werden kann, um akut und langfristig mehr Ruhe in den Ablauf zu bekommen. Ein grundsätzlich passendes Vorgehen stelle ich dir hier jetzt vor. Wenn du es für dich und deinen Hund umsetzt, dann passt du natürlich alles so an, dass es für euch beide optimal ist.

Einfachheitshalber erkläre ich jetzt hier am Beispiel der Box; das funktioniert aber auch genauso mit einem anderen Schlafplatz.

Der erste Kontakt mit dem neuen Platz

Wenn du die Box erstmalig aufstellst, lass sie für einige Tage an ihrem zukünftigen Platz stehen, ohne dass du den Hund aktiv hinlockst oder eine Aktion damit erwartest. Der Hund darf sich erst einmal daran gewöhnen, und in seinem Tempo erste Erfahrungen damit machen.
Auf gar keinen Fall solltest du den Hund mit Futter oder Spielzeug aktiv hinlocken (zu keinem Zeitpunkt des Trainings). Beobachte deinen Hund: Vielleicht ist ihm die Box völlig egal, vielleicht etwas suspekt, oder er geht sogar schon von alleine rein. Das wird von seinem Charakter abhängen und auch von den Erfahrungen, die er mit ähnlichen Materialien schon gemacht hat. Hier hast du wieder eine Möglichkeit zu lernen, deinen Hund besser einzuschätzen. Egal, ob er eher zurückhaltend oder sehr mutig ist - alle Optionen sind völlig in Ordnung.
Hatte dein Hund schon von sich aus einen entspannten Kontakt mit der Box und ist auch reingegangen, vielleicht schon darin gelegen, dann geh direkt weiter zum nächsten Schritt.
Ist dein Hund noch etwas skeptisch oder zeigt kein großes Interesse an der Box, dann begleitest du ihn nun soweit, dass der allererste direkte Kontakt absolut positiv abläuft.
Dazu legst du ein Spielzeug oder einen Kau-Snack in die Box und schließt die Türen. (Bei einem Platz ohne Türen, tut es auch eine Schüssel, die dafür sorgt, dass der Hund nicht direkt rankommt.) Lass den Hund ruhig etwas ausprobieren und lass ihn nicht sofort zum Objekt der Begierde rein. Du bist währenddessen stiller Beobachter, lockst nicht, feuerst nicht an, bringst keine zusätzliche Energie/Aufregung in die Situation. Das Spielzeug oder das Knabberzeug sorgt dafür, dass dein Hund eine höhere Motivation hat, sich mit der Box auseinanderzusetzen.

Nach ein paar Minuten oder Stunden öffnest du die Türen (ohne große Party) und gibst dem Hund wieder die Chance, die Box zu betreten.
Wenn er nun hineingeht und sich wohlfühlt, ist das gut, falls nicht, wiederholst du dieses Vorgehen nochmals.
Bei besonders vorsichtigen Hunden kann das durchaus einige Tage bis Wochen dauern. Hier heißt es, geduldig dranbleiben. Wer Entspannung schaffen möchte, kann keine Hektik während des Trainings haben.

Entspannung und nichts als Entspannung

Ist der erste positive Kontakt mit der Box gelungen, kannst du beginnen, dort ein Ruheritual aufzubauen. Das klingt komplizierter als es ist. Hierbei geht es darum, so viele angenehme und ruhige Momente für den Hund im Umkreis und in der Box zu kreieren wie möglich. Je nachdem, was für deinen Hund entspannend und angenehm ist, suchst du eure Rituale hierfür aus. Für den einen Hund kann das eine Entspannungsmassage sein. Für den anderen ist Berührung durch einen Menschen generell nicht entspannend. Manche können beim Kauen wunderbar Stress abbauen und kommen zur Ruhe, andere dreht Fressen regelrecht auf. Suche dir die Dinge aus, die für euch passen.

Jeden Tag widmest du dich nun (gern auch mehrmals für einige Minuten) dem Ruheritual an der Box mit deinem Hund. Vielleicht läuft dabei eine bestimmte Musik, vielleicht liegt auch nur dann eine bestimmte Decke in der Box. Irgendwann wirst du merken, dass dein Hund schon bei Start des Rituals ruhiger wird und den Ort mit Entspannung verknüpft hat. Dieser Moment ist großer Grund zur Freude und die nächsten Schritte warten auf dich und deinen Hund.

Dem Glück auf die Sprünge helfen

„Ich sperre meinen Hund doch nicht ein!“ – Ok, aber was ist die Alternative?
Jetzt kommt der Moment, an dem viele Hundehalter aufschreien: „Ich sperre doch meinen Hund nicht ein!“ Kann ich verstehen, denn damit ist so eine negative Vorstellung verbunden, von einem Hund, der einfach in eine Box gesetzt wird, Tür zu und dann kommt er nicht mehr raus.

Wenn du die Übungsschritte vorher gemacht hast, dann hast du mit deinem Hund gemeinsam schon wochenlang geübt, dass die Box etwas Wunderbares ist, ein richtiger Wellnessraum.
Für eine begrenzte Zeit daran gehindert werden, seinen Rückzugsraum zu verlassen, ist meiner Meinung nach durchaus vertretbar, gerade wenn man das Ziel im Auge hat und die Alternativen kennt. Ein Hund, der vor lauter Aufregung immer dem Menschen hinterherläuft, entwickelt auf Dauer eine Vielzahl an Problemen: zu wenig Ruhe (Schlafmangel - absolut ungesund), schlecht allein bleiben können, super niedrige Reizschwelle.

Häufig wird als Trainingsalternative für das Hinterherlaufen genannt, dass der Hund einfach immer wieder auf seinen Platz geschickt werden soll und (je nach Trainingsrichtung) bestraft/korrigiert wird, sobald er diesen verlässt, oder gelobt wird ohne Ende, damit er gerne dort bleibt. Keine dieser Alternativen führt dazu, dass der Hund wirklich entspannt auf seinem Platz ist.
Aber genau diese echte Entspannung braucht ein Hund, der von allein nicht zur Ruhe kommt.

Nächste Schritte im Aufbau

Der nächste Trainingsschritt ist also das Schließen der Türen (oder zum Beispiel das Anleinen des Hundes an seinem Ruheplatz). Sollten die Türen sich mit Reißverschlüssen schließen

lassen, prüfe zunächst, wenn der Hund außerhalb der Box ist, ob er die Geräusche in Ordnung findet. Ihr kuschelt zum Beispiel gerade in eurem Ruheritual und du beginnst erstmalig eine Tür zu schließen, bleibst aber weiterhin bei deinem Hund sitzen, gehst noch nicht weg. Nach ein paar Minuten öffnest du die Tür wieder und das Ritual geht weiter.
Sobald dein Hund die geschlossenen Türen für einen Moment mit Gelassenheit akzeptiert, beginnst du dich bei geschlossener Tür etwas von der Box zu entfernen und bleibst zunächst noch in Sichtweite. Anschließend beginnst du langsam durch das Zimmer zu laufen. Später verlässt du den Raum auch kurz. Steigere die Schritte so, dass dein Hund immer entspannt bleiben kann und sich nie Sorgen machen muss. Diese Übungsschritte dürfen mehrere Tage oder Wochen dauern. Lass dir dabei Zeit und beobachte genau, wie dein Hund darauf reagiert.
Kannst du dich für einige Minuten durch die Wohnung bewegen, während dein Hund völlig gelassen liegen bleibt, dann ist der Aufbau eurer Ruhezone geglückt. Herzlichen Glückwunsch, der lange Atem hat sich gelohnt!

Die Box für Training und Alltag nutzen

Die wohl bahnbrechendste Erfahrung, die ein Hund machen kann, der aktuell ständig mit in der Wohnung umherläuft, ist, dass es ganz entspannt möglich ist, liegen zu bleiben, auch wenn die Menschen sich bewegen. Das führt zu mehr Ruhe, mehr Schlaf, mehr Gelassenheit und wirkt sich somit sowohl gesundheitlich fördernd aus als auch auf alle nachfolgenden Problemthemen, die durch den Schlafmangel gefördert werden.
Sobald die Box als Ruhezone etabliert ist, lohnt es sich, dem Hund häufiger die Chance zu geben, diese Erfahrung der Ruhe zu machen. Du wirst feststellen, dass er dann auch von allein beginnt, diesen Rückzugsort für sich zu nutzen – Jackpot! Es

erscheint vielleicht wenig spektakulär im Ergebnis, gerade wenn man den Aufwand betrachtet, um den Ruheplatz zu etablieren. Aber diese zusätzliche Ruhe macht DEN Unterschied. Genug Schlaf ist die Grundvoraussetzung dafür, dass der Hund effektiv lernen kann.

Besuch kommt – was für eine Aufregung

Für viele Hunde ist es ziemlich stressig, wenn Besuch ins Haus kommt. Sie wissen dann nicht mehr genau, wie sie sich verhalten sollen und manche fühlen sich dann zum Entertainer verpflichtet. Das mag für wenige Stunden in Ordnung sein. Ist der Hund aber sowieso von der aufgedrehten Sorte, dann kann die zusätzliche Aufregung schnell zur echten Zerreißprobe werden.
Hier kann die Ruhezone ins Spiel kommen. Nachdem der Besuch angekommen ist und sich alle begrüßt haben, kann es dem Hund helfen, wenn er eingeladen wird, seine Ruhezone aufzusuchen. Bei den ersten Malen wird er wahrscheinlich noch die Unterstützung der geschlossenen Türen benötigen. Schon bald kann darauf verzichtet werden und der Hund wird dankend die Option annehmen, sich ein Stück aus dem Geschehen zu stehlen.
Für viele Hunde bietet so eine Box eine Entschuldigung für sich selbst, sich nicht mit den ganzen Reizen zu beschäftigen:
1. „Was ich nicht sehe, interessiert mich nicht."
2. „Ich kann hier ja nicht weg. Also – na gut, ich schlaf dann mal weiter."

Du siehst also, so eine Ruhezone ist Gold wert! Es lohnt sich, hier von vornherein Zeit zu investieren, damit dir dieser Platz für deinen Hund in den verschiedensten Momenten helfen kann, und auch dafür sorgt, dass bestimmte Probleme gar nicht erst entstehen.

16) Sicherheitszone/Ruheübung

Da Entspannung Trumpf ist und die Ruhezone dir zu Hause dabei hilft, dass dein Hund entspannen lernt, liegt es nahe, dass du solch einen Ankerpunkt für Entspannung auch für die Momente aufbaust, in denen du die Ruhezone nicht nutzen kannst.

Draußen auf Spaziergängen, bei euren Lernausflügen, oder auch als zusätzliche Unterstützung, wenn der Hund gerade nicht zur Ruhe findet. Das kann immer mal wieder vorkommen, meistens dann, wenn dem kleinen Kopf die Eindrücke zu viel werden. Nicht immer kannst du das steuern. Deswegen ist es umso hilfreicher, wenn du Wege kennst, wie du ihn aus dem Zustand „Mir ist alles zu viel" wieder rausbegleiten kannst.

Wann wäre dafür der richtige Moment? Immer dann, wenn du das Gefühl hast, dein Welpe steigert sich gerade in Stress rein und es tut ihm nicht gut, aber er schafft es nicht allein, aus dem Kreislauf zu finden. Oft passiert das nach besonders aufregenden Erlebnissen. Vielleicht seid ihr zum ersten Mal auf einen sehr großen Hund getroffen. Oder dein Welpe hat sich dem anderen gegenüber etwas im Ton vergriffen und dafür eine deutliche Abfuhr kassiert. Vielleicht habt ihr eine Gegend erkundet, die dein Hund noch nie gesehen hat, oder in eurer Umgebung sieht heute etwas ganz anders aus in den Hundeaugen. Vielleicht bist du heute selbst etwas unruhig und nervös und dein Hund spiegelt dir diese Emotionen wider.

Manche Hunde fangen dann an, an der Leine zu ziehen oder rumzurennen. Andere bellen deutlich mehr als sonst. Andere fangen an zu buddeln oder plötzlich jedem fliegenden Blatt hinterherzuspringen. Ansprechbar scheinen sie in den Momenten nicht mehr. Hier ist es für den Hund hilfreich, wenn du dich vermehrt auf körperlicher Ebene einbringst, statt immer mehr

Signale zu geben. Die Welpen meiner Kunden lernen eine Ruheübung kennen, die ihnen in solchen Momenten ein Leben lang hilft.
Die Übung funktioniert auf zwei Arten. Welche davon du für dich nutzt, oder ob du eine davon noch für euch passend abwandelst, hängt vom Charakter und auch der Größe deines Hundes ab. Entscheide hierbei ganz nach deinem Bauchgefühl. Probiere beide aus und nimm die, die sich für dich am besten anfühlt.
Egal, wofür du dich entscheidest, übe die Sicherheits-/Ruheposition dann, wenn dein Hund und du entspannt aufnahmefähig seid. Etwas erst dann zum ersten Mal zu machen, wenn die Situation sowieso schon schwierig ist, hilft für keine Übung weiter.

Variante 1:
Hock dich hin und lass deinen Hund zwischen deine Beine setzen. Dabei schaut ihr beide in dieselbe Richtung. Deine Beine geben deinem Hund dabei einen tollen Rahmen und Anlehnung. Mit deinen Händen umfasst du seitlich die Schultern deines Hundes. Atme dabei ganz bewusst und ruhig weiter. Bring dabei gerne etwas Druck auf den Körper deines Hundes auf, so viel wie es ihm angenehm ist. Es geht nicht darum, den Hund unbedingt an einer Position zum Stillsitzen zu zwingen! Vielmehr darf deine Intention sein, deinem Hund Halt zu geben, wenn er ihn gerade verloren hat.
Mit dieser Übung rahmst du den Hund ein. Er hat von allen Seiten deine Unterstützung und deinen Halt. Hier kann er sich in aller Ruhe mit den Außenreizen auseinandersetzen, oder sich auch davon abschotten. Ganz so, wie er es gerade braucht.

Variante 2:
Leine deinen Hund an, lass ihn neben dir sein (stehen, sitzen, liegen - wie er möchte), stelle den Fuß auf die Leine und warte ab.
Die Leine sollte so lang sein, dass dein Hund sich neben dir

noch in allen Positionen aufhalten kann und gleichzeitig wenig Raum hat, um Strecke zu machen. Je nach Größe des Hundes ist das ein halber bis ein ganzer Meter.
Diese Übung ist für Hunde geeignet, die tendenziell eher ruhig und gemütlich sind und es schaffen, sich selbst zu beruhigen. Wenn diese Hunde die Ruheübung so gelernt haben, dann reicht es später schon, nur den Fuß auf die Leine zu stellen und sie wissen, dass jetzt Warten angesagt ist.
Auch hier fängst du dann an, wenn ihr beide entspannt seid, gern auch zu Hause ohne jegliche Ablenkung. Hole deinen angeleinten Hund neben dich, stell den Fuß auf die Leine und mache nichts mehr. Du brauchst nicht mit dem Hund reden (egal, was er tut). Steigere die Dauer langsam. Fang mit einer Minute an und steigere so, wie es für deinen Hund gut ist. Von Mal zu Mal wird es ihm leichter fallen, sich ruhig zu verhalten. Wenn das in entspannter Umgebung für 5 Minuten gut klappt, dann kannst du die Übung für kürzere Zeiteinheiten mit nach draußen nehmen. Wie immer passt du die Anforderungen an deinen Hund daran an, was er in dieser konkreten Situation leisten kann.

Es kann auch sein, dass der Hund erst Variante 1 benötigt, um durchzuatmen und wenn er etwas runtergefahren ist, auch mit Variante 2 gut weitermachen kann. Entscheide dabei immer individuell, wie viel Unterstützung dein Hund gerade braucht.

17) Spaziergänge

Stundenlange Waldspaziergänge, den Sonnenuntergang am Strand beobachten, gemeinsam mit dem Hund im Einklang laufen. Das ist der Traum vieler Hundebesitzer - vielleicht auch deiner. Damit das klappen kann, hast du in diesem Buch schon jede Menge darüber erfahren, wie dein Hund das Leben kennenlernt und zu einem gelassenen Alltagsbegleiter wird. In diesem Abschnitt soll es um die Spaziergänge gehen und darum, wie du sie so gestaltest, dass ihr beide dabei entspannen könnt.

Wenn ich Menschen beim Spaziergang mit ihren Hunden beobachte, dann wird mir oft ganz schwindelig. Sie sind beladen mit all möglichem Equipment von Spielzeug bis Leinen und Leckerlis, laufen im Stechschritt und bekommen dabei nicht viel von ihrer Umwelt mit. Die Hunde sehen ähnlich gestresst aus. Bei dem Tempo bleibt keine Zeit in aller Ruhe und ausgiebig eine Schnüffelstelle von allen Seiten zu erkunden. Ich möchte dir einen Weg zeigen, wie du ohne diesen ganzen Trubel spazieren gehen kannst, zurück zu den Basics, zurück zur Natur. In den letzten Jahren hat es sich eingebürgert, dass nur ein müder Hund ein glücklicher Hund ist. Das halte ich für grundlegend falsch. Mehr darüber, wie der Tagesablauf eines Hundes aussieht, wenn wir Menschen uns nicht einmischen und was wir daraus lernen können, erfährst du in einem der nächsten Abschnitte des Buches.
Der ständige Wahn, den Hund um jeden Preis „auslasten“ und „auspowern“ zu müssen, führt dazu, dass schon mit jungen Hunden höher-schneller-weiter das Ziel ist. Das Resultat sind überforderte Hunde, deren Körper wie Leistungssportler trainiert sind, deren Köpfe mit der Verarbeitung aber schon lange nicht mehr hinterherkommen, und verzweifelte Menschen, die

gar nicht mehr wissen, was sie machen sollen, damit der Hund endlich mal zur Ruhe kommt.

Es geht nicht um die Anzahl der Kilometer oder das Tempo, in dem dein Hund gelaufen ist und auch nicht darum, wer Trainings-und Beschäftigungsweltmeister wird. Qualität vor Quantität! Wenn dein Hund eine halbe Stunde mit dir draußen war und dabei 200 Meter zurückgelegt hat, die so intensiv wahrgenommen hat, Zeit hatte, sich mit all den Reizen auseinanderzusetzen, und ihr die gemeinsame Zeit genossen habt, dann ist das sehr viel wertvoller als eine Stunde lang stupide im Rennschritt nebeneinanderher zu rennen.

Gerade für Welpen, deren körperliche Entwicklung solche weiten und schnellen Spaziergänge noch gar nicht aushält, ist es toll, diese Art der Spaziergänge in den Alltag zu holen. Schneller werden ist leicht; Achtsamkeit und Langsamkeit später lernen, wenn der Hund nur „schnell“ kennt, wird schwer.
Gib euch also Zeit, um Dinge zu entdecken, die ihr auf eurem Weg findet. Lass dem Welpen Zeit, alles zu verarbeiten. Und setz dich manchmal auch einfach mit ihm hin und schau Löcher in die Luft.

Abgesehen von den sehr kurzen Pipigängen, die dein Welpe mit dir unternimmt, reicht es vollkommen, wenn du einmal am Tag eine etwas längere Zeit draußen bist. Wenn die Pipigänge zwischendurch weniger werden, dann sind es vielleicht auch zwei längere Runden am Tag. Länger meint am Anfang ungefähr 20 Minuten. Die Distanz ist dabei völlig egal. Wenn ihr an einem Ort seid, wo etwas für den Hund besonders spannend ist, dann bewegt ihr euch auf der Stelle. Und an anderen Tagen kommst du mit dem Welpen zu Fuß vielleicht 500 Meter weit. Mal lauft ihr dabei einfach nur miteinander, manchmal baust du kleine Übungen ein und manchmal macht ihr auf einer Wiese auch ein schönes Spiel. Es muss nicht jeder Spaziergang vollgepackt sein mit Training und Spiel und Action. Manchmal ist es einfach schön, sich auf die Wiese zu setzen und gemeinsam Maikäfer zu zählen. Und wenn du hin und wieder einen Lernausflug einbaust, ist eine Pause für den Kopf sowieso super hilfreich für den Hund.

Lege den Fokus darauf, gemeinsam mit deinem Hund eine tolle Zeit zu verbringen, anstelle von möglichst oft, möglichst weit und möglichst schnell unterwegs zu sein. Gleichzeitig darf es auch mal Tage geben, wo ihr beide am Abend erschöpft seid, Spaziergänge, an denen dein Hund wild rennt und anschließend außer Puste neben dir steht. All das gehört zum Leben dazu. Durch unseren Einfluss auf die Zucht der Hunde haben wir es so gestaltet, dass die meisten Hunde schnell aufdrehen können - das muss kein Hund üben, aber die ausgleichende Ruhe fehlt vielen Hunden und sie dürfen sie von uns lernen. Die Ähnlichkeit eines solchen Spaziergangs mit denen, die man mit menschlichen Kleinkindern macht, ist sehr groß! ;)

Gerade in den ersten Wochen, in denen der Welpe bei dir wohnt, kann es vorkommen, dass er nicht Gassi gehen möchte. Das ist völlig normal und kein Grund zur Sorge. Freilebende Welpen würden in diesem Alter nur einen sehr engen Radius um die Familienhöhle einhalten, damit sie in Sicherheit sind. Sich von der Höhle zu entfernen, kann für die Welpen sonst auch in Begleitung eines Erwachsenen gefährlich werden. Wenn dein Welpe also nicht weit vom Haus weggehen möchte, dann erinnere dich daran. Auch hier gilt es wieder mit Bauchgefühl vorzugehen. Es gibt viele Möglichkeiten, wie du hier handeln kannst. Manchen Welpen hilft es, wenn du sie die ersten 100 Meter trägst und dich dort in der Entfernung mit ihnen beschäftigst. Auch Ausflüge mit dem Auto oder Fahrrad (der Welpe im Korb/Anhänger!) lösen das Problem des „Weggehens“. Andere

Welpen hingegen zeigen damit an, dass es ihnen gerade wirklich zu viel ist. Dann ist vielleicht ein Tag Pause von „großen Abenteuern“ angebracht.
Je älter dein Welpe wird und je mehr er mit dir zu einem Team zusammenwächst und dir vertraut, desto seltener werden diese Situationen werden.

18) Spiele

Es gibt so viele Dinge, die du mit deinem Hund erleben kannst! Eigentlich ist das ganze Leben ein großes Spiel. Wenn du spielerisch ans Training und an die Entdeckung neuer Dinge herangehst, dann spielt dein Welpe den ganzen Tag über, ohne dass du irgendein bestimmtes „Spielzeug" dafür in die Hand nimmst. Spielen ist sinnvoll. Die Natur hat es so eingerichtet, dass junge Lebewesen (Hund, Katze, Maus oder Mensch) über das Spiel alle Verhaltensweisen üben können, die sie später im Leben brauchen. Ganz nebenbei werden Bewegungen geübt, es wird ausprobiert, wie man sich am besten dem Spielpartner gegenüber verhält, damit das Spiel möglichst lange dauert. Im Eifer werden manch Ängste überwunden und Selbstbewusstsein für ähnliche Situationen entwickelt. Und das alles ganz ohne Lehrplan und bewusste Steuerung der Abläufe.

Es gibt so viele Möglichkeiten, wie du mit deinem Welpen sinnvoll spielen kannst. Nur wenige davon haben mit Bällen oder anderem „Hundespielzeug" zu tun.

Du könntest Leckerlis verstreuen und sie deinen Hund suchen lassen. Dabei entdeckt er seine Sinne (die sich auch erst bis zur 20. Woche vollständig entwickeln), er übt sich zu konzentrieren und lernt gleichzeitig alleine oder gemeinsam mit dir, Herausforderungen zu meistern. Durch solch eine Suche kann der Hund auch neue für ihn gruselige Untergründe oder Umgebungen erkunden, ohne der „Angst" direkt ins Auge blicken zu müssen.

Du kannst mit ihm auf dem Boden balgen und einfach nur mit deinen Händen spielen. Das macht Spaß und ihr lernt euch besser kennen. Ganz nebenbei lernt er auch, nach dem Spiel wieder runterzufahren und sicher auch mal, dass ein Spiel abgebrochen wird, wenn die Zähne zu doll im Einsatz waren.

Auch Zerrspiele kannst du hin und wieder einbauen. Dabei ist wichtig, dass die Bewegung vom Hund ausgeht und du nur dagegenhältst oder große Bewegungen machst. Ruckartige Bewegungen deinerseits schaden dem Bewegungsapparat deines Hundes. Mal gewinnst du (dabei kannst du gleich euer „Lass los"-Signal üben), mal gewinnt dein Hund. Wie oft der Hund gewinnt und wie oft du, das kannst du ein wenig beeinflussen und hier auf den Charakter deines Hundes eingehen. Ist er sehr ängstlich, hilft ihm der kleine Push im Selbstbewusstsein durch ein gewonnenes Spiel. Ist er ein kleiner Draufgänger, schadet es sicher nicht, auch ab und an mal öfter zu verlieren.

Ballspiele und alles, was mit wildem Rennen zu tun hat, eignet sich eher weniger. Nicht nur, dass diese Form der Bewegung den Gelenken und Bändern nicht guttut, es ist auch für die geistige Entwicklung nicht hilfreich. Stupides Bällchenholen bringt nichts außer jeder Menge Adrenalin und körperlicher Erschöpfung. Und ganz nebenbei lernt der Hund auch noch, dass es toll ist, hinter schnellen Objekten herzurennen. Anfangs ist das noch der Ball, später dann vielleicht ein Fahrradfahrer, Fußball von Kindern auf der anderen Straßenseite oder ein Reh.

19) Stubenreinheit - Töpfchentraining für den Hund

Ähnlich hochgehandelt wie bei Menschenbabys die Frage „Und, schläft er denn schon durch?", ist in der Welpengruppe die Erkundigung, ob der vierbeinige Nachwuchs denn schon stubenrein ist.

Wie schnell oder langsam der Welpe lernt, seine Notdurft nur noch draußen zu verrichten, hängt von sehr vielen Faktoren ab. Einige davon kannst du selbst beeinflussen, andere Grundlagen werden bereits beim Züchter gelegt und wieder andere sind einfach individuell von Hund zu Hund verschieden. Auch wenn das Thema den Alltag natürlich stark beeinflusst und jeder dieses Kapitel so schnell wie möglich „abhacken" möchte, ist Druck oder Eile völlig fehl am Platz. Damit dies trotzdem gut gelingt, möchte ich dir hier die Dinge aufzeigen, die du beachten kannst, damit dein Hund eine Chance hat, schnell stubenrein zu werden. Und ich möchte dir auch gleich die größten Fehlerquellen nennen, damit du sie nicht machen musst, sondern von den Herausforderungen anderer lernen kannst.

Untergrundpräferenz - was hat der Hund bisher kennengelernt?

Während der ersten Lebenswochen deines Hundes lernt er neben unendlich vielen anderen Dingen ganz nebenbei auch, auf welchem Untergrund man als Hund sein Geschäft verrichtet.

Wenn er beim Züchter ausschließlich Decken, Teppiche oder Fließen kennengelernt hat, dann erscheint es ihm als völlig normal sich auf diesen Untergründen zu lösen. Haben die Welpen dagegen die Chance, auch draußen Wiese und Erde zu erleben, fällt es ihnen deutlich leichter, sich auch das von ihrer Mutter abzuschauen. Es lohnt sich beim Züchter nachzufragen, welche Untergründe dein Hund bereits kennt und nutzt, damit du darauf vorbereitet bist.

Die Blase kontrollieren zu können, braucht Zeit

Wenn dein Welpe mit 8-12 Wochen bei dir einzieht, ist seine körperliche Entwicklung noch nicht soweit abgeschlossen, dass die Schließmuskeln an der Blase richtig gut funktionieren. Bis zur vollständigen Kontrolle über diese Organe kann es bis zu 6 Monate dauern (bei kleineren Hunden eher schneller, bei größeren Hunden eher langsamer).

Das heißt, dass dein Welpe zu Beginn oftmals nur wenig Zeit hat, von dem Reiz „Ich muss mal" bis zu dem Zeitpunkt, an dem er das Wasser nicht mehr halten kann.

Damit möglichst selten Unfälle passieren, ist es daher ratsam, den Welpen regelmäßig nach draußen zu bringen, um dem „Überraschungseffekt" vorzubeugen.

Hierzu empfiehlt es sich, die Zeitpunkte zu nutzen, in denen es wahrscheinlich ist, dass der Welpe bald „muss". Wenig sinnvoll ist es hier, nach einem bestimmten Zeitplan vorzugehen. Alle zwei Stunden den Wecker stellen und den Welpen raussetzen, bringt zwar viel Unruhe in den Ablauf, allerdings nicht den schnelleren Erfolg bei der Stubenreinheit.

Hilfreicher ist es, sich bewusst zu machen, welche Momente im Alltag es sind, die die Blase sehr wahrscheinlich in Schwung bringen. Du kennst es sicher von dir selbst - wenn der Kreislauf in Schwung kommt, meldet sich auch die Blase. Das ist immer dann der Fall, wenn der Welpe gerade aufgewacht ist, gefressen hat, gespielt hat.

Es lohnt sich also, dem Welpen direkt nach dem Aufwachen, Fressen und Spielen, die Möglichkeit zur Erleichterung zu geben.

Mit der Zeit wirst du auch die Zeichen deuten können, die dein Welpe zeigt, wenn er raus muss. Intensives Schnüffeln am Boden, sich im Kreis drehen oder das Aufsuchen einer bestimmten

Stelle im Raum können Anzeichen sein. Beobachte deinen Hund gut und du wirst seine individuellen Zeichen schnell deuten lernen.

Ein Ort zum Loslassen ist ruhig und entspannt

Viele Welpenbesitzer beschreiben ihre Probleme mit der Stubenreinheit ungefähr so: „Wir waren so lange mit dem Hund draußen, aber nichts geschah. Dann gingen wir wieder rein und Sekunden später hat er auf den Teppich gemacht."
Aus menschlicher Sicht könnte man dem Hund Absicht unterstellen oder ärgerlich werden. Es lohnt sich allerdings, hier genau zu überlegen. Meistens war dann draußen zu viel los für den kleinen Hund, als das er sich soweit entspannen konnte, um sich Zeit zum Loslassen zu nehmen.
So viele Eindrücke, ständig geht jemand vorbei, an jeder Ecke riecht es anders. Vielleicht kommen zusätzlich noch Signale vom eigenen Menschen. Das ist so viel, dass keine Zeit bleibt, um sich zu konzentrieren.
Ähnlich einem Kleinkind, das inmitten von so vielen Reizen schlicht vergisst, dass es auf Toilette muss und dann etwas daneben geht, ist es auch bei deinem Hund.

Was du tun kannst, damit das nicht so ist, ist ein „stilles Örtchen" für den Welpen einzurichten. Damit ist nicht gemeint, dass er einen Schuppen braucht mit ruhiger Musik und ein paar Zeitungen. Viel eher geht es um einen Flecken Gras, den ihr immer aufsucht, wenn dein Hund sein Geschäft machen kann. Dieser Ort sollte möglichst nicht nah an einem viel frequentierten Weg liegen, sondern bestenfalls in einer ruhigen Ecke. Wenn ihr dorthin geht, gibt es kein Spiel, keine Übungen, keine Ansprache. Dein Welpe soll Zeit haben, dort zur Ruhe zu kommen und der Rest kommt von allein.
Je öfter das dort funktioniert, desto kürzer wird es dauern.

Ein Tipp für die kalte Jahreszeit: Gerade Winterwelpen tun sich manchmal schwer damit, den nackten Welpenbauch so dicht über den kalten Boden zu halten. (Verständlich, wenn du mich fragst.) Hier kann die Stubenreinheit ein bisschen länger dauern, was auch völlig normal ist. Sollte Schnee liegen und du hast die Möglichkeit dazu, schaffe eine schneefreie Fläche, damit dein Hund nicht mit dem Hintern direkt im Schnee hocken muss.

Große Freude bei Erfolg?

Immer wieder lese ich Empfehlungen, den Welpen während des Lösens wild zu loben und regelrechte Pipi-Partys zu feiern. Meiner Erfahrung nach führt das eher zu Misserfolg. Wenn der Welpe sich ablenken lässt, ist er vielleicht noch gar nicht fertig und beendet sein Geschäft dann wieder mit mehr Ruhe im Haus. Nach vollendeter Tat ist ein ruhiges Lob, Anerkennung genug für deinen Hund. Ehrliche Wertschätzung ist immer und an dieser Stelle besonders sehr viel mehr wert als eine künstlich aufgebauschte Hochstimmung.

Ein **Pipi-Tagebuch** hilft dir zum einen, Fortschritte zu erkennen und auch dabei, Muster zu identifizieren. Schreib dir für eine Zeitlang ruhig auf, wann dein Hund sich löst und in welcher Situation (nach dem Fressen, nach dem Schlafen, welche Uhrzeit etc.). Dadurch entdeckst du vielleicht Muster, die du mit berücksichtigen kannst.

Was tun, wenn mal was daneben geht?

Auch wenn es für uns Menschen unangenehm ist, morgens verschlafen in eine Pfütze zu treten und auch wir manchmal ein dünnes Nervenkostüm haben: Strafen bringt nichts.

Wenn dein Welpe sich im Haus erleichtert, dann mach es kommentarlos weg. Achte hier auch darauf, den Geruch wirklich zu entfernen, denn dort, wo es (für die sehr, sehr feine Hundenase) schon nach Ausscheidungen riecht, ist es wahrscheinlich auch beim nächsten Mal ein guter Ort dafür ;). Merke oder notiere dir die Situation und finde so heraus, ob du das nächste Mal vielleicht etwas früher mit dem Hund rausgehst.
Mit Strafe verschreckst du nicht nur deinen Hund, was du sicher nicht möchtest, sondern es kann auch dazu führen, dass dein Hund andere Strategien entwickelt. Manche Welpen suchen sich dann einen versteckten Platz für ihr Geschäft, damit sie nicht vom Menschen überrascht werden. Dadurch hast du keine Chance mehr, die wichtigen Anzeichen zu beobachten. Besonders sensible Hunde können den Schreck auch mit der Handlung selbst in Verbindung bringen und Angst vor dem Wasserlassen/Kotabsatz entwickeln. Die fatalen Folgen davon kannst du dir bestimmt vorstellen.

Stubenreinheit kurz zusammengefasst:

- Den Welpen gut beobachten und seine Zeichen deuten.
- Immer dann rausgehen, wenn der Kreislauf in Schwung kommt.
- Ruhe ist Trumpf, Aufregung ist hier fehl am Platz.
- Freundliches Loben NACH erfolgreichem Geschäft.
- Missgeschicke nicht strafen, sondern kommentarlos entfernen.

Sollte es trotz allem nicht klappen mit der Stubenreinheit, oder wieder schwieriger werden, dann lohnt sich ein Gang zum Tierarzt und zu überprüfen, ob der Welpe eine Blasenentzündung hat. Selbst bei verhältnismäßig warmen Temperaturen passiert das bei Welpen recht häufig. Schon allein deshalb, weil sie mit ihrem Babyfell und teils nacktem Bauch sehr nah am Boden sind und ihnen schnell kalt wird. Auch ein Schlafplatz bei leichtem Zug reicht manchmal schon aus.

20) Tagesablauf - Schlafen ist Trumpf

Den ein oder anderen Hinweis über den natürlichen Tagesablauf eines Hundes hast du im Verlauf des Buches schon gelesen. Hier möchte ich dir den vollen Überblick geben, damit du einen Richtwert hast. So kannst du von einem guten Ausgangspunkt starten und den Tagesablauf für dich und deinen Hund so gestalten, dass es für euch beide passt.

Die Fakten:
Ein ausgewachsener Hund verbringt den Hauptteil des Tages (17-20 Stunden) mit Dösen und Schlafen. Ungefähr eine Stunde wird für soziale Interaktion und das Familienleben verwendet. Drei Stunden bleiben für Nahrungsbeschaffung und Fressen.

Bei Welpen, Junghunden, älteren Hunden und Krankheiten ist die Ruhezeit sogar noch länger. Wenn dein Welpe bei dir einzieht, kannst du davon ausgehen, dass er ungefähr 20-22 Stunden des Tages mit Ruhephasen verbringt oder verbringen sollte. Zwischendrin gibt es so viel Neues zu entdecken, dass der Schlaf dringend nötig ist.

Vielleicht denkst du jetzt: „Was, das hab ich ja noch nie gehört? Überall steht doch, man soll den Hund möglichst viel beschäftigen!“
Dann helfen dir vielleicht folgende Gedankengänge.
Der Hund gehört biologisch gesehen zu den Landraubtieren, die Katze übrigens auch. Tiere, die dieser Gruppe angehören, erjagen sich ihre Beute mit hohem Energieaufwand. Verschwenden sie viel Energie durch viel Bewegung, müssen sie auch viel Energie zu sich nehmen. Bei Katzen wundern wir Menschen uns nicht, wenn sie den ganzen Tag schlafen. Und der Körper unserer Hunde funktioniert, was den Energiestoffwechsel betrifft, sehr ähnlich.

Zudem schlafen Hunde deutlich weniger tief als wir Menschen. Sie haben deutlich weniger Tiefschlafphasen als wir und schlafen damit „weniger effektiv"; sie brauchen mehr Zeit, um denselben Erholungseffekt zu haben.

„Ja aber, ich habe einen Arbeitshund - die wurden doch dafür gezüchtet, dass sie richtig viel machen müssen. Den muss ich doch viel auslasten!"
Jein.
Du hast einen Hund, der wahrscheinlich besondere Talente mitbringt. Der perfekt geeignet für eine bestimmte Aufgabe wäre. Das heißt aber nicht, dass er dieser Beschäftigung so oft wie möglich nachgehen muss, oder dass er überhaupt Spaß daran hat. Wenn ihm die Aufgabe, für die er besonderes Talent hat, Freude bereitet und dir auch, dann nichts wie los! Wenn nicht - wird dein Hund deswegen nicht unglücklich werden. Selbst Hunde, die früher ausschließlich für ihren Job gehalten wurden, haben nicht jeden Tag stundenlang gearbeitet. Jagdhunde haben eine Saison von insgesamt ca. 4 Monaten im Jahr. Während der Saison sind sie einzelne Tage für ein paar Stunden im Einsatz. Außerhalb der Saison machen sie nichts außer Rumliegen. Das ist wichtig zu verstehen. Denn in unserer heutigen Gesellschaft, wo der Hund am besten immer mit dabei sein soll und unzählige Anforderungen unseres Alltags meistern darf, hat er so gut wie nie frei. Manche Hunde, die bei mir wegen Hyperaktivität ins Training gekommen sind, hatten einen Stundenplan wie die sprichwörtlichen Wunderkinder. Montags Agility, Dienstag und Donnerstag die große Spazierrunde mit den Hundekumpels, mittwochs Obedience und am Wochenende Mantrailing. Da wird mir schon vom Schreiben schwindelig.

Die Folgen von Schlafmangel kennst du von dir selbst. Du wirst unruhig und unkonzentriert, reizbar und ungeduldig. Genauso geht es deinem Hund auch. So wie der Hund sich dann verhält, wird leicht eine mangelnde Auslastung hineininterpretiert. Und die Spirale von zu wenig Schlaf, zu vielen Reizen und unruhigem Hund beginnt sich zu drehen. Es kann sein, dass der Hund auch aus Unterforderung heraus dasselbe Verhalten zeigt. Die Erfahrungen der letzten Jahre zeigen mir allerdings, dass es oft genau das Gegenteil ist.

Es ist völlig ausreichend, wenn du mit einem ausgewachsenen Hund 1,5-2 Stunden täglich draußen bist. Vielleicht gibt es unter der Woche Tage, wo es weniger ist und am Wochenende macht ihr eine große Tour. Wenn du dazu noch 3 Stunden addierst, in denen dein Hund im Haus wach ist, wo ihr etwas übt, oder einfach nur kuschelt und die Zeit, in der dein Hund frisst, dann ist noch ausreichend Ruhezeit für den Hund übrig.

Es ist nicht entscheidend, dass jeder Tag gleich aussieht. Wichtig ist, dass im Durchschnitt ein für deinen Hund passendes Verhältnis von Aktivität und Ruhephasen entsteht. Die oben genannten Werte können nur Richtwerte sein. Wie viel Ruhe dein Hund braucht, hängt auch davon ab, wie gut er mit Reizen umgehen kann. Regt er sich schnell über Dinge auf, braucht er mehr Zeit zum Verarbeiten. Kommt er ganz entspannt damit zurecht, kann er auch die ein oder andere Stunde weniger Schlaf wahrscheinlich gut vertragen.
Es darf Tage geben, an denen ihr die Couch nur für kurze Gassigänge verlasst und sonst nur schlaft. Und auch Tage, wo viel los ist und die Ruhephasen etwas kurz kommen. Solange es sich über die Woche wieder ausgleicht, können die meisten Hunde solche Unterschiede gut kompensieren.

21) Warten
-sich zurücknehmen und Frust aushalten

Ja, es ist wichtig, dass du der Fels in der Brandung für deinen Welpen bist. Und es ist auch wichtig, dass du ihn vor Situationen schützt, in denen er überfordert ist, oder die ihm unangenehm sind.

Wichtig ist aber auch, dass dein Hund lernt, mit Enttäuschungen und Frust umzugehen. Zu lernen, dass nicht jeder Impuls, den er hat, (sofort) in eine Handlung umgesetzt werden kann.
Wenn ein Hund nie gelernt hat, für einen Moment zu warten, bis es Futter gibt, oder bis er beim Spazierengehen losrennen darf, dann wird er es schwer haben, wenn das Leben ihm Situationen zuspielt, in denen es nicht anders geht.
Die Stichworte des Fachvokabulars sind Impulskontrolle und Frustrationstoleranz. Es geht um warten können und kleine Enttäuschungen aushalten können.

Solche Dinge kannst du mit deinem Welpen üben, ganz ohne dass er dabei verunsichert wird oder sein Vertrauen verliert. In kleinen „Dosierungen“ immer so, dass der Hund es schaffen kann. In den Alltag eingebaut, hilfst du deinem Hund besser mit solchen Momenten umzugehen.

Du kannst in diesen Übungen auch ein Signal einführen und nutzen; es geht allerdings auch ohne.
Meine Hündin kennt das Signal „Warte“ für: „Nimm dich einen Moment zurück, es geht gleich weiter.“
Üben kannst du an vielen Stellen eures Alltags. Lass den Hund einen Moment warten, bevor er aus dem Auto aussteigen darf. Geh dann erst vom Auto los, wenn dein Hund sich auf dich konzentriert und nicht wie wild an der Leine hängt. Bereite ihm

sein Futter zu und gib es ihm dann, wenn er sich höflich zurücknimmt. Trockne ihm die Pfoten ab und zieh ihm in aller Ruhe sein Geschirr aus, bevor er zu Hause die restlichen Familienmitglieder begrüßen darf. Wenn du dich von einem Raum in den anderen bewegst, lass den Hund kurz warten, bevor du ihn in das neue Zimmer hineinlässt.
Wirf ihm ein Leckerli auf den Boden und erlaube ihm erst, wenn er sich zurücknimmt, es sich zu holen.

Achte darauf, dass die Übungen für deinen Hund machbar sind. Zu viel auf einmal führt zu unnötigem Frust. Stell ihm Aufgaben, die er bewältigen kann. Und verlange von deinem Hund nur Ruhe, wenn auch du ruhig bist. Wenn wir selbst gerade völlig hektisch sind, überträgt sich diese Stimmung sehr leicht auf den Hund. In so einer Situation Warteübungen zu machen, ist sinnlos.
Baue die kleinen Übungen hin und wieder ein; es geht nicht darum, dass der Hund jedes Mal ruhig neben dir steht, bevor ihr vom Auto losgeht. Lernen, mit kleinen Frustrationen umzugehen und Dinge einmal nicht zu tun, die man gerne tun wollte, das gehört für Menschen wie für Hunde zum Leben dazu.

22) Welpengruppe - ja oder nein

Noch vor wenigen Jahren war es fast schon obligatorisch, dass man mit dem neuen Familienmitglied in eine Welpengruppe gegangen ist. Die Idee: Der junge Hund soll mit Gleichaltrigen spielen können und dabei soziales Verhalten erlernen, um später möglichst verträglich mit fremden Hunden zu sein. Außerdem sollten hier die Grundlagen der Erziehung gesetzt werden, die sogenannten Grundsignale geübt und trainiert werden - „Sitz“, „Platz“, „Bleib“, „Bei Fuß“ als Grundschule der Hundeerziehung.
Doch noch nie gab es so viele Hunde, die Probleme haben, wenn sie anderen Hunden auf der Straße begegnen. Das hat sicher viele Gründe. Neben der schieren Anzahl an Hunden und der Rolle, die Hunde in unseren Leben einnehmen, fällt auch den üblichen Welpengruppen ein Anteil dabei zu.

Doch es ist nicht so, dass Welpengruppen ausschließlich schlecht sind. Wie immer im Leben kommt es auf das WIE an. Es gibt geeignete und ungeeignete Formen, eine Welpengruppe zu gestalten. Wenn du die Chance hast, eine der tollen Gruppen zu finden, dann ist es hilfreich, diese mit deinem Hund zu besuchen. Gibt es keine guten Gruppen in deiner Nähe, empfehle ich dir, eher darauf zu verzichten.

Gehen wir etwas mehr ins Detail und schauen uns an, was der Hund in der Gruppe lernen soll.

Gutes Sozialverhalten ist wohl das, was auf der Liste ganz oben steht. Hier stellt sich die Frage, ob es möglich ist, dass in einer Gruppe von lauter Welpen, die Welpen untereinander angemessenes Verhalten lernen. Das kann gar nicht gehen, denn keiner von ihnen hat schon genug Erfahrung gesammelt, um angemessene und differenzierte Kommunikation zu nutzen. Die Vorstellung, die Welpen könnten sich untereinander gutes Verhalten beibringen, ist gleichzusetzen mit der Erwartung, unsere menschlichen Kinder würden im Kindergarten ohne erwachsene Erzieher die Regeln der höflichen Kommunikation erlernen.

Wenn die Gruppen so ablaufen, dass die Welpen zum „Spielen" völlig ungesteuert aufeinander „losgelassen" werden, dann endet es meist darin, dass es die Hunde gibt, die die anderen unterbuttern und die die untergebuttert werden. Die einen lernen dabei, sich absolut pöbelhaft gegenüber anderen zu verhalten, die anderen lernen, dass Hundebegegnungen total blöd sind, weil man sich dabei unwohl fühlt. Was von außen nach Spiel aussieht, hat mit Spiel eigentlich nichts zu tun, sondern ist Mobbing. Beide Varianten gehören nicht zu den Dingen, die auf meiner Wunschliste für gute Erfahrungen für den Hund stehen.
Außerdem lernen sie dabei: IMMER wenn ich andere Hunde treffe, wird gespielt. Im Alltag ist das nicht so. Erwachsene Hunde spielen nicht den ganzen Tag miteinander. Eine Begegnung unter normal sozialisierten, fremden erwachsenen Hunden läuft nicht anders ab als bei uns Menschen. Man geht aneinander vorbei, wünscht sich einen guten Tag und geht weiter.
Ein Welpe, der in einer Gruppe aber ständiges Spiel kennenlernt, wird im Alltag schnell gefrustet.

Was also tun, damit so eine Gruppe sinnvoll und hilfreich für die jungen Hunde ist? Sinnvoll ist es dann, wenn die Gruppe nicht zu groß ist (max. 6 Welpen pro Gruppe) und der Fokus auf kleinen Übungen und Ruhe liegt. Zwischendurch kann auch mal gespielt werden. Hierbei ist allerdings wichtig, dass die Menschen regulierend eingreifen. Welpen mit Höhenflug einbremsen und unsichere Hunde passend unterstützen, damit am Ende jeder mit einer hilfreichen Erfahrung nach Hause geht. Diese Funktion übernimmt meistens ein guter Trainer und leitet auch dich als Hundehalter an, diese Schiedsrichterfunktion zu über-

nehmen und für deinen Welpen immer der sichere Hafen zu sein. Wer richtig viel Glück hat, der kann in so einer Gruppe auf die Hilfe eines souveränen, fähigen erwachsenen Hundes setzen. Das ist der Jackpot, denn wer, wenn nicht ein Hund (der fähig dazu ist und dem es Spaß macht), könnte besser hündische Kommunikation lehren?
Kleine Übungen, mit denen der Welpe sein Körperbewusstsein stärkt und nach und nach mehr Selbstbewusstsein erlangt. Es ist gar nicht relevant, ob er dabei schon bestimmte Signale lernt oder gar welche das sind. Das Lernen lernen steht hier auf dem Programm. Sich auch auf den Menschen zu konzentrieren, wenn kleinere Ablenkungen da sind. Lernen, dass andere Hunde kein Grund zum Ausrasten sind - weder vor Freude noch vor Angst.
Zwischendurch sollten genügend Pausen eingebaut werden, die wirklich Ruhe bedeuten und nicht ausschließlich wildes Spiel sind.

Wenn du auf diese wenigen Kriterien (Gruppengröße, Spiel mit Aufsicht, Pausen, ruhiger Ablauf, kleine Übungseinheiten) achtest, fällt es dir sicher leicht, dich für eine passende Welpengruppe zu entscheiden, oder eher für unpassende, um sie nicht in euer Programm aufzunehmen.
In jedem Fall ergibt es Sinn, dass du einmal ohne den Hund zuschaust, um dir über den Ablauf klarzuwerden und dir einen Eindruck zu verschaffen, ob du hier teilnehmen möchtest.

23) Welpenschutz

„Ist doch kein Problem, der hat noch Welpenschutz!“ Eine solche Aussage hört man häufiger von frischgebackenen Welpenbesitzern. Es ist unklar, woher diese Aussage stammt und auf welche vermeintliche Basis sie sich stützt. Der Ursprung ist eigentlich auch irrelevant, denn diese Aussage ist schlichtweg falsch. Es gibt ihn nicht, den Welpenschutz. Jedenfalls nicht in der Form, dass er ein genereller allumfassender Schutz ist, der einem jungen Hund völlige Narrenfreiheit garantiert.
Nicht einmal in der eigenen (Hunde-)Familie ist es selbstverständlich, dass alle Familienmitglieder ganz entspannt mit dem Nachwuchs umgehen. Welpen aus fremden Rudeln genießen dagegen in der Natur keinen automatischen Schutz. Im Gegenteil, sie würden wahrscheinlich mindestens vertrieben, wenn nicht sogar attackiert werden, wenn sie ohne mütterlichen Schutz auf fremde Hunde treffen.

Es ist durchaus so, dass manche Hunde gegenüber Welpen eine größere Geduld aufbringen und sich von ihnen mehr gefallen lassen als von ausgewachsenen Artgenossen. Aber es gibt (wie bei uns Menschen auch) Hunde, denen Welpen zu aufgedreht, zu nervig, unkoordiniert sind und die daher sehr schnell genervt reagieren.

Auch, dass Hunde grundsätzlich vorsichtiger mit Welpen umgehen, stimmt so nicht uneingeschränkt. Vielleicht ist das mit Hunden so, die es gewohnt sind, von Hunden aller Altersgruppen umgeben zu sein. Für den Durchschnittshund, der alleine oder in kleinen Gruppen beim Menschen wohnt, trifft das nicht zu. Die meisten Hunde haben keinerlei Erfahrung im Umgang mit Welpen und Junghunden. Daher kannst du im Alltag mit deinem jungen Hund darauf achten, welche hündischen Bekanntschaften dein Hund macht. Denn du möchtest sicher nicht, dass dein Hund Angst vor anderen bekommt, nur weil der Gegenüber einfach viel zu grob ist im Umgang mit dem Kleinen.

Je nachdem wie dein Welpe sich den fremden Hunden gegenüber verhält, beeinflusst er natürlich auch die Reaktionen der anderen. Normalerweise sind junge Welpen eher unterwürfig gegenüber erwachsenen Hunden und deeskalieren die Situationen dadurch bereits im Vorfeld. Aber es gibt auch Welpen, die sehr mutig sind - man könnte sie auch als Draufgänger bezeichnen, die sehr schnell anecken.
In jedem Fall ist es ratsam, dass du die Verantwortung dafür übernimmst, welche Bekanntschaften dein Hund macht und wie er sich dort verhält. Schütze ihn vor Begegnungen mit Hunden, die sich mit Welpen unwohl fühlen und entweder überreagieren, oder sich einfach alles gefallen lassen. In beiden Fällen lernt dein Hund nur Verhalten, was ihm zukünftig das Leben schwerer macht. Viel besser und zugegeben - herausfordernd in der Umsetzung - ist es, gezielt Begegnungen mit kompetenten erwachsenen Hunden zu suchen, die wohlwollende Konsequenz walten lassen und dem Kleinen so den Weg zu entspannten Begegnungen ebnen. Dadurch lernt dein Hund die höflichste Form der hündischen Kommunikation.

7

Die kommenden Jahre

In den ersten 2-3 Jahren des Hundelebens passiert so viel Veränderung, dass wir Menschen manchmal gar nicht mitkommen. Ein Hund durchläuft die vergleichbare körperliche und geistige Entwicklung eines 25-jährigen Menschen innerhalb eines Bruchteils der Zeit. Der Spruch: „Nach der Welpenzeit sind wir aus dem Gröbsten raus!“, mag einerseits ein hilfreicher und beruhigender Gedanke sein, andererseits passiert auch nach dem ersten halben Jahr noch so viel an Entwicklung, dass es eigentlich ständig weitergeht. Manche Themen, die zu Beginn im Vordergrund standen, sind nun zur Selbstverständlichkeit geworden, andere kommen jetzt erst auf.
Das ist gut so! Völlig normal und kein Grund zu verzweifeln.
Im Kapitel über spooky periods - die Fremdelphasen, hast du schon erfahren, dass es auch noch weit nach dem Welpenalter immer wieder „Umbauphasen“ im Gehirn gibt. Jede einzelne ist elementar wichtig für den Hund. Eine große Umbauphase, die auch länger dauern kann als die Fremdelphasen, ist die Pubertät.

Hier verändern sich die Hormonverhältnisse im Körper, was dazu führt, dass sowohl das Gehirn als auch erneute optische Veränderungen von ganz allein auftreten. Diese Veränderungen führen später auch zu verändertem Verhalten. Der Hund wird erwachsen.

Erprobte Verhaltensmuster werden noch weiter verfeinert, unnütze Verhaltensmuster verändert oder ganz verworfen. Viele

Hunde durchleben im Alter von ungefähr 2-2,5 Jahren einen regelrechten Reifeschub. Bei Hündinnen kann man diese Schübe als sprunghafte Anstiege nach den Läufigkeiten beobachten. Es scheint, als würden sie nach jeder Läufigkeit mit etwas mehr Selbstsicherheit, Gelassenheit und Ruhe hervorgehen. Bei Rüden gibt es diese sprunghafte Entwicklung auch hin und wieder; oft verläuft hier die Veränderung aber fließender als bei Hündinnen.

Ein erwachsener Hund zeichnet sich dadurch aus, dass er mit mehr Übersicht an komplizierte Situationen herangehen kann, weniger hektisch reagiert und angemessener handeln kann, immer im Vergleich zu dem, wie er als Junghund gehandelt hat.

Auch die meisten der speziellen Rasseeigenschaften zeigen sich in dem Alter, wenn der Hund erwachsen geworden ist. Denn freilebend wäre das der Zeitpunkt, an dem die jungen Hunde auch wichtigere Aufgaben in der Familie übernehmen sollen. So kann es sein, dass der Hund mit ursprünglich wachsender Aufgabe erst mit 2 Jahren seine Pflicht darin entdeckt, vorbeigehende Nachbarn anzukündigen. Natürlich werden auch die Fortpflanzungsinteressen jetzt ernsthaft wach, was insbesondere den Rüden in dem zweiten Frühling ihres Lebens hin und wieder den Kopf verdreht. Dadurch kann es auch in dieser Lebensphase dazu kommen, dass Herausforderungen mit dem Hund auftreten, die vorher gar nicht abzusehen waren. Hier braucht es dann gezieltes Training, um das für Hunde völlig natürliche Verhalten in Bahnen zu lenken, die auch in unserer Gesellschaft funktionieren.

Da wäre doch die einfachste Lösung, die Hunde vorher zu kastrieren, oder etwa nicht?
Nein, ist es nicht.

Ganz abgesehen davon, dass die Kastration eines Hundes per Gesetz nur dann erlaubt ist, wenn medizinische Gründe vorliegen, ist dieser Ansatz nicht zu Ende gedacht.
Ein Hund, der vor seiner vollständigen Entwicklung kastriert wird, bleibt an diesem Punkt seiner hormonellen Entwicklung quasi stehen. Das ist ein Szenario, das ich, sofern es irgendwie möglich ist, für jeden Hund vermeiden möchte.
Was bleibt, ist ein optisch ausgewachsener Hund auf dem Entwicklungsstand eines Junghundes. Die Stufe „erwachsen werden" kann die ein oder andere Herausforderung mitbringen; sie bringt gleichzeitig allerdings sehr viel positive Entwicklung. Wenn ich den voll entwickelten, erwachsenen Hund mit all seinen Eigenschaften nicht haben möchte, dann darf ich mir keinen Hund anschaffen.

Häufig wird auch aus „Verhaltensgründen" kastriert. Gerade bei Rüden, die sich nicht besonders gut mit Artgenossen verstehen, wird viel zu schnell das Skalpell als probate Lösung in Betracht gezogen. Dabei haben die Probleme im Verhalten viel häufiger etwas mit Erziehung, Training, Kommunikation mit dem Menschen und Selbstbewusstsein zu tun als mit den Hormonen. In dem Fall würde eine Kastration das Problem noch verschlimmern, weil der Hund für Artgenossen ohne seinen natürlichen Hormonzustand nicht mehr „normal" riecht und sie ihm deshalb anders gegenübertreten.
Es ist mittlerweile erwiesen, dass kastrierte Hunde deutlich mehr Aggressionsprobleme haben als intakte Hunde beiderlei Geschlechts.
Es gibt auch Fälle, in denen die Hormone Ursache sind - die sind allerdings sehr viel seltener als sie für eine OP als Grund vorgeschoben werden.
Daher ist mir wichtig an dieser Stelle: Eine Kastration sollte nicht der „normale" Weg sein, wie man mit seinem Hund umgeht. Es sollte die Ausnahme bleiben. Ausnahmefälle sind echte

körperliche Ursachen oder wenn der Hormonzustand dem Hund Probleme bereitet. Etwa weil der Rüde zum Beispiel im Frühjahr nicht mehr richtig schläft oder frisst, wenn läufige Hündinnen in der Nachbarschaft sind. Oder wenn die Hündin nach jeder Läufigkeit in eine Scheinmutterschaft kommt, die sie stark belastet. Auch hier sollten zunächst erst Möglichkeiten geprüft werden, wie der Hund in dem Moment anders unterstützt werden kann. Der letzte Ausweg - die Operation - ist ein großer Eingriff in das Hormongleichgewicht des Hundes und sollte auch als solch große Entscheidung betrachtet werden.

Alles fließt -

lass die Veränderung in dein Leben kommen.

Ich hoffe sehr, dass ich dir mit diesem Buch helfen konnte, euren Start ins gemeinsame Leben so entspannt und freudvoll wie möglich zu gestalten. Die ersten Monate sind sehr wichtig, das stimmt! Es stimmt auch, dass ein Hund genauso wie wir Menschen lebenslang lernt. Eure Beziehung und euer Alltag werden sich immer wieder verändern. Ihr werdet neue Erfahrungen machen und gemeinsam daran wachsen. Habe keine Angst davor, einen Fehler zu machen. Hol dir an der richtigen Stelle Hilfe, wenn du sie brauchst. Und ganz wichtig - höre auf dein Bauchgefühl! Dieses Gefühl und dein Hund werden dir den schönsten Weg zeigen, der vor euch liegt. Ich wünsche euch ein gemeinsames Leben voller Lachen und Liebe, Gemeinsamkeit und tollen Erfahrungen. Ich wette, du kannst deinem Hund genauso viel beibringen wie er dir.

Danke

Es war mir ein Fest!
Dieses Buch zu schreiben, hat mir so viel Freude bereitet. Manchmal auch graue Haare gefördert, wenn mal wieder die Ideen in meinem Kopf explodiert sind und ich dann doch nicht alles mit aufnehmen konnte.
Ich danke Tina für deinen einzigartigen Blick auf die Dinge, die Denkanstöße und die Motivation, die mir deine Freude beim Lesen bringt! Ich werde auch bei jedem weiteren Buch deine Datei in riesige Schriftgröße formatieren, damit sie am Bildschirm angenehm zu lesen ist!
Das wundervolle Foto von meiner wundervollen Begleiterin Alma und mir hat auch bei diesem Buch schon wieder Katharina gemacht. Ich kann mir kein passenderes als dieses Bild vorstellen. Kati, ich weiß jetzt nach dem Abi willst du dich erstmal ausprobieren, aber ich schwöre dir, wenn du deine Leidenschaft als bloßes Hobby versauern lässt, dann zieh ich dir die Ohren lang!
Danke auch an meine Eltern, die mir während des größten Schreibprozesses ihre Wohnung als Kreativzone überlassen haben. Ohne euren Urlaub würde das Buch hier nicht stehen. Danke an Stefanie und Anja, die den Test im Speedreading definitiv bestanden haben und dem Buch den letzten Schliff verliehen haben.
Und Valeria - danke dafür, dass du all die fehlenden Satzzeichen, Buchstaben und komischen Sätze findest, obwohl du mit Hunden gar nichts am Hut hast!

Danke an alle meine Kunden, deren Vertrauen in meine Arbeit, mir immer wieder Inspiration gibt. Ohne eure Herausforderungen könnte ich die Geschichten aus dem Hundeleben nicht so nah an der Realität schreiben.

Alle Links findest du auch unter:
bothshunde.com/welpenbuch

VIDEO LINKS

Übung 1: Leinenführigkeit (Körpersprache)
https://youtu.be/6UuNCFzxSxo
Übung 2: Orientierung lange Leine/Freilauf
https://youtu.be/P4WiIQZ1jX0

MEINE HUNDESCHULE

Bothshunde - mehr Tipps für dich

kostenlose Tipps für mehr Entspannung
https://bothshunde.com/entspannter-alltag/
kostenlose PDF - ist mein Hund gestresst?
https://bothshunde.com/ist-mein-hund-gestresst/

PRODUKTEMPFEHLUNGEN

Erstausstattung

Keramik Napf: https://amzn.to/2EVsxSG
AntiRutsch (&Dreck)-Napfunterlage:
https://amzn.to/2ZgwVDD
Hundekamera: https://amzn.to/2Z8ODsr
Hundemonitor App
iOS:
https://itunes.apple.com/de/app/hundemonitor/id626789870
Android: https://play.google.com/store/apps/details?id=com.tappy-taps.android.dogmonitor&hl=de
Hundebox (Wohnung, Auto): https://amzn.to/2WoUayh
Hundebett: https://amzn.to/2EXFP0S
Leine: https://amzn.to/2WpFZc8
Geschirr: https://amzn.to/2MvNl9v
Halsband: https://amzn.to/2EWA5Vr
Krallenzange: https://amzn.to/2ETYVFc
Krallenschleifer: https://amzn.to/2WnV51Q
Zeckenhaken: https://amzn.to/2ZgxVrn
umweltfreundliche Hundekotbeutel:
https://amzn.to/2XxWNui

empfohlene Bücher & DVDs

Körpersprache
Buch: https://amzn.to/2ZgCzFR
DVD: https://amzn.to/2XhUQ8c

ruhiger Spaziergang - entspannt draußen
https://amzn.to/2FldotU
feingemacht - so fühlt sich dein Hund wohl in seiner Haut
https://amzn.to/2HDzTfv
Pizzahunde - vom Leben wilder Hunde https://amzn.to/2KtvMFs

Hundehaftpflichversicherung

Eine Haftpflichtversicherung braucht jeder Hund von Anfang an. Angebote gibt es wie Sand am Meer, das ist klar. Eine Option ist die Versicherung von helden.de, die ich absolut empfehlen kann. Für mein Empfinden ist hier Preis-Leistung sehr gut ausbalanciert. Und viele Leistungen, die man sonst nirgends findet sind mit inklusive. Schau es dir gern einmal an. Mit meinem Link zahlst du nur 11 Monate im Jahr.

https://bit.ly/2Bjg7Fq

QUELLEN UND LITERATUR

Pizzahunde https://amzn.to/2KtvMFs

40 Gründe, warum der Rückruf nicht klappt
https://bothshunde.com/40-gruende-warum-der-hund-nicht-kommen-kann-teil-2/

Doggy Fitness - Bewegung bei Junghunden
https://doggy-fitness.de/bewegung-bei-welpen-und-junghunden/

MR1 Effekt - Wurmkurrückstände
https://www.tierarzt-rueckert.de/blog/details.php?Kunde=1489&Modul=3&ID=19426

Hunde erkennen menschliche Emotionen
Dogs recognize dog and human emotions: Natalia Albuquerque, Kun Guo, Anna Wilkinson, Carine Savalli, Emma Otta and Daniel Mills
Published:01 January 2016
https://royalsocietypublishing.org/doi/full/10.1098/rsbl.2015.0883

Hund im Auto transportieren - ADAC
https://www.hundehaftpflichtversicherungen-vergleich.de/hund-im-auto-transportieren/

Kastration und Verhalten - Studie

Kaufmann CA, Forndran S, Stauber C, Woerner K, Gansloßer U. The social behaviour of neutered male dogs compared to intact dogs (Canis lupus familiaris): Video analyses, questionnaires and case studies. Vet Med Open J. 2017; 2(1): 22-37 https://openventio.org/Volume2-Issue1/The-Social-Behaviour-of-Neutered-Male-Dogs-Compared-to-Intact-Dogs-Canis-Lupus-Familiaris-Video-Analyses-Questionnaires-and-Case-Studies-VMOJ-2-113.pdf

Kastration und Verhalten - Buch

https://amzn.to/2YtliZV

Hund allein lassen - Studien

1. Bradshaw, J.W.S., Blackwell, E.J., Rooney, N.J. and Casey, R.A. (2002). Prevalence of separation related behaviour in dogs in southern England. In: *Proceedings of the 8th ESVCE Meeting on Veterinary Behavioural Medicine*, Granada, Spain. Eds. J. Dehasse, E. Biosca Marce. Publibook, France. Pp 189-193.
2. Bradshaw, J.W.S., McPherson, J.A., Casey, R.A. and Larter, I.S. (2002). Aetiology of separation related behaviour in the domestic dog. *Veterinary Record*, 151, 43-46.

Sarah Both, Bothshunde,
Comburgstraße 30, 71640 Ludwigsburg

Printed in Germany
by Amazon Distribution
GmbH, Leipzig

21197531R00101